코파닉스
1

코파닉스 1

ⓒ 이동훈, 2009

초판 1쇄 발행일 2009년 12월 24일
개정 1쇄 발행일 2017년 3월 25일

글 이동훈   감수 마이클 캐스너
펴낸이 김지영   펴낸곳 작은책방
편집 김현주
제작 · 관리 김동영   영업 조명구

출판등록 2001년 7월 3일 제 2005-000022호
주소 04047 서울시 마포구 어울마당로 5길 25-10 3층 (서교동 400-16 3층)
전화 (02)2648-7224   팩스 (02)2654-7696

ISBN 978-89-5979-493-5 14740
        978-89-5979-496-6 (SET)

발음에서 문장까지 단 한번에 끝내는

코파닉스

KOREA PHONICS

1

이동훈 지음
마이클 캐스너 감수

작은책방

개정판을 내면서

코파닉스가 세상에 나온 지도 어언 17년이 넘었습니다. 그동안 많은 독자님들께서 지지를 보내와 주셨고 심지어 어떤 독자는 영어발음의 기초를 잡는 데 **정말 필요한 복음서**라고까지 극찬하여 필자에게 마음의 부담을 주셨습니다. 졸저를 세상에 낸 필자로서는 쥐구멍이라도 들어가고 싶은 심정이나 더욱 분발하여 좀 더 좋은 책을 만들어달라는 격려의 말씀으로 새겨 들었습니다.

일상생활에서 늘 사용하는 우리말, 즉 한글의 습득은 자연스럽게 '듣기 → 말하기 → 읽기 → 쓰기'의 과정으로 진행됩니다. 그러나 안타깝게도 일상생활에서 사용할 기회가 거의 없는 영어의 습득은 '읽기 → 말하기 → 듣기 → 쓰기'의 과정을 겪어야 합니다. 읽기가 불완전한 상태에서는 아무리 학원에 다녀도 그다지 효과를 얻을 수 없고 돈과 시간을 낭비하게 된다는 것이 오랫동안 교단에서 학생들을 가르치며 깨달은 학습목표입니다. 그것은 마치 피아노를 배울 때, 일정한 지력智力이 발달한 나이에는 단 1주일 만에 깨우칠 내용을, 너무 어린 나이에 배울 경우 몇 달이 걸리는 상황과 같습니다. 뜨거운 교육열이 오늘날의 한국을 있게 한 원동력이지만 영어를 배울 때는, 정확하게 알고 방향을 제시해야 합니다. 충분한 읽기가 된 다음에 학원에 보내면 먼저 다녔던 학생들을 충분히 따라잡고 훨씬 더 빠르게 실력이 향상될 것입니다.

코파닉스는 바로 그 읽기를 단기간에 습득할 수 있는 방법을 제시하고 있으며, 여러 가지 단계와 그림들을 통하여 자연스럽게 영어를 접하면서, 영어에 대한 흥미를 갖도록 재미있게 구성했습니다.

이번 개정판에서는 여기저기에 숨어 있는, 부족했거나 미처 다루지 못했던 영어발음을 추가했고, 좀 더 많은 단어와 내용을 첨삭해 미진했던 부분을 보완했습니다. 즉,

1) 다양한 많은 단어를 더 추가하여 자·모음의 전체 발음을 연습하도록 했습니다.

2) 가장 많이 요청이 들어왔던, 흥미를 유발하기 위한 복습용 문장에서 그림을 많이 사용했습니다.

3) 3권 마지막 부분에 3편의 영어동화를 실어서 전체 과를 복습하면서 자연스럽게 독해 능력을 확인하도록 했습니다.

작가의 말

영어 입문기의 교육은 적당한 시기에 시작하는 것이 중요합니다.

미국의 캘리포니아 州가 80년대 말, 글의 의미에 몰두함으로써 읽는 법을 배울 수 있다는 전체교수법whole language reading instruction을 채택하여 학생들을 학습시킨 후, 94년 州정부가 연방정부 후원으로 초등학교 4학년생들을 대상으로 실시한 테스트에서 59%는 기초수준 이하의 읽기 능력을 보였습니다. 가히 엘니뇨급의 재앙이었습니다(Newsweek지 보도). 그것은 대다수의 학생들에게 파닉스상의 발음원칙들이 필요하다는 것을 의미하는 것이었습니다.

그런데 국내에 나와 있는 파닉스 교재를 보면 외국(영국, 미국 등)에서 배우고 있는 내용을 조금 변형하여 가르치고 있습니다. 이것들은 외국 학생들을 대상으로 하여 만들어진 책이기 때문에 우리나라 학생들에게는 맞지 않는 부분이 많았습니다.

영어입문기의 학생들은 단어를 그림으로 인식하기 때문에 같은 철자가 다른 단어에서 나오면 잘 읽지 못합니다. 결과적으로 책을 끝내고 난 후에도 파닉스를 다시 공부해야 하는 폐단이 있으며, 결국 엄청난 비용이 드는 것이 현실입니다. 이 책은 그러한 단점을 극복하여 만들어졌습니다.

또한 이 책은 능숙하게 한글을 읽고 쓸 줄 아는 학생들을 대상으로 만들어졌습니다. F와 V 발음을 제외하고는 거의 모든 영어발음을 표기할 수 있는 우수한 문자 한글의 장점을 살려서 가능한 한 원어발음에 가깝게 써 반복 연습시킨 후, 영어단어 및 문장을 읽을 수 있도록 구성되어 있답니다. 그뿐만 아니라 읽기가 끝난 후에 바로 그 단어들을 쓸 수 있도록 되어 있기 때문에, 이 책의 과정을 끝낸 학생들은 간단한 영어문장(동화)을 읽을 수 있을 뿐만 아니라 해석도 가능할 것입니다. 필자는 이 책에서 제시하는 방법을 영어입문기의 학생들을 대상으로 실시해보았고 그 효과를 수없이 확인했습니다.

단, 이때 주의할 점은 부모의 조바심 때문에 읽기가 불완전한 상태에서 일부분이 아닌 완전한 영어단어를 암기시키면 절대 안 된다는 것입니다. 충분히 읽기가 되면 학생 스스로 단어의 뜻을 궁금하게 여기게 됩니다. 그렇지 않은 경우에 단어 암기가 고통이 되고 영어를 싫어하게 되기 때문입니다.

아무쪼록 본서가 좋은 자료가 되어 영어의 바다에 들어가는 강력한 한 물줄기가 되기 바랍니다.

초록동산에서… 이동훈

먼저 읽어주세요!

1. 14페이지부터 매일 7일 동안 연습을 시켜 주시기 바랍니다(해답은 앞부분 참고).

2. 완전히 연습한 후에 1과를 시작해야 합니다 (절대로 서두르면 안 됨).

3. 그 이후에는 매주 2장씩을 복사하여 연습 해야 합니다.

4. 이 책은 해답지가 따로 없습니다. 문제를 풀다가 의문이 나는 경우는 앞으로 돌아 가서 다시 공부하여 해답을 찾도록 구성 되어 있습니다.

목 차

자음 · 모음의 발음

1. 자음의 발음

B, b	비이→ㅂ	**D, d**	디이→ㄷ	**F, f**	에프→ ㅍ
C, c	씨이→ㅆ	c다음에 e, i, y가 올 때			
	ㅋ	c다음에 a, o, u가 올 때			
G, g	쥐이→쥐	g다음에 e, i, y가 올 때			
	ㄱ	g다음에 a, o, u가 올 때			
H, h	에이취→ㅎ	철자발음과 불일치			
J, j	제이→ㅈ	**K, k**	케이→ㅋ		
L, l **L, l**	엘→(을)ㄹ	단어 처음에 올 때			
	ㄹㄹ	단어 중간이나 끝에 올 때			
M, m	엠→ㅁ	**N, n**	엔→ㄴ	**P, p**	피이→ㅍ
Q, q	큐우→쿠우	항상 U와 붙어 있음		**R, r**	아알→(우)ㄹ
S, s	에스→ㅆ	단어의 첫 글자이고 뒤에 모음이 올 때			
	ㅅ	뒤에 자음이 올 때와 단어 끝에서			
T, t	티이→ㅌ	**V, v**	브이→ㅂ		
W, w	더블유→우	철자발음과 불일치			
X, x	엑스→크스	뒤에 자음이 올 때와 단어 끝에서			
	그즈	뒤에 모음이 올 때			
Y, y	와이→이, 아이		**Z, z**	지이→ㅈ	

12

2. 합쳐진 자음의 발음

ck	ㅋ	ph	ㅍ	sh	쉬	ch	취	wh	우	ds	즈
ts	츠	ng	ㅇ	gh	ㅍ	th	드, 뜨, 쓰				

3. 주의할 합쳐진 자음의 발음(변형발음)

sk	스ㅋ→스ㄲ	sp	스ㅍ→스ㅃ
st	스ㅌ→스ㄸ	tr	트ㄹ→츄ㄹ

4. 모음의 발음

상황에 따라서 여러 가지로 발음된다. 여기에 쓰인 것은 알파벳의 이름이다.

A, a	에이	E, e	이이		
I, i	아이	O, o	오우	U, u	유우

자음·모음의 발음 연습

1. 자음의 발음

B, b	비이→( )	**D, d**	디이→( )	**F, f**	에프→( )
C, c	씨이→( )	c 다음에 e, i, y가 올 때			
	( )	c 다음에 a, o, u가 올 때			
G, g	쥐이→( )	g 다음에 e, i, y가 올 때			
	( )	g 다음에 a, o, u가 올 때			
H, h	에이취→( )	철자발음과 불일치			
J, j	제이→( )	**K, k**	케이→( )		
L, l	엘→( )	단어 처음에 올 때			
	( )	단어 중간이나 끝에 올 때			
M, m	엠→( )	**N, n**	엔→( )	**P, p**	피이→( )
Q, q	큐우→( )	항상 U와 붙어 있음	**R, r**	아알→( )	
S, s	에스→( )	단어의 첫 글자이고 뒤에 모음이 올 때			
	( )	뒤에 자음이 올 때와 단어 끝에서			
T, t	티이→( )	**V, v**	브이→( )		
W, w	더블유→( )	철자발음과 불일치			
X, x	엑스→( )	뒤에 자음이 올 때와 단어 끝에서			
	( )	뒤에 모음이 올 때			
Y, y	와이→(,)	**Z, z**	지이→( )		

2. 합쳐진 자음의 발음

ck	( )	ph	( )	sh	( )	ch	( )	wh	( )	ds	( )
ts	( )	ng	( )	gh	( )	th	( ), ( ), ( )				

3. 주의할 합쳐진 자음의 발음(변형발음)

sk	스ㅋ→( )	sp	스ㅍ→( )
st	스ㅌ→( )	tr	트ㄹ→( )

4. 모음의 발음

상황에 따라서 여러 가지로 발음된다. 여기에 쓰인 것은 알파벳의 이름이다.

A, a	( )	E, e	( )		
I, i	( )	O, o	( )	U, u	( )

자음·모음의 발음 연습

1. 자음의 발음

B, b	비이→( )	**D, d**	디이→( )	**F, f**	에프→( )		
C, c	씨이→( )	c 다음에 e, i, y가 올 때					
	( )	c 다음에 a, o, u가 올 때					
G, g	쥐이→( )	g 다음에 e, i, y가 올 때					
	( )	g 다음에 a, o, u가 올 때					
H, h	에이취→( )	철자발음과 불일치					
J, j	제이→( )	**K, k**	케이→( )				
L, l L, l	엘→( )	단어 처음에 올 때					
	( )	단어 중간이나 끝에 올 때					
M, m	엠→( )	**N, n**	엔→( )	**P, p**	피이→( )		
Q, q	큐우→( )	항상 U와 붙어 있음		**R, r**	아알→( )		
S, s	에스→( )	단어의 첫 글자이고 뒤에 모음이 올 때					
	( )	뒤에 자음이 올 때와 단어 끝에서					
T, t	티이→( )	**V, v**	브이→( )				
W, w	더블유→( )	철자발음과 불일치					
X, x	엑스→( )	뒤에 자음이 올 때와 단어 끝에서					
	( )	뒤에 모음이 올 때					
Y, y	와이→(,)			**Z, z**	지이→( )		

2. 합쳐진 자음의 발음

ck	( )	ph	( )	sh	( )	ch	( )	wh	( )	ds	( )
ts	( )	ng	( )	gh	( )	th	( ),	( ),	( )		

3. 주의할 합쳐진 자음의 발음(변형발음)

sk	스ㅋ→( )	sp	스ㅍ→( )
st	스ㅌ→( )	tr	트ㄹ→( )

4. 모음의 발음

상황에 따라서 여러 가지로 발음된다. 여기에 쓰인 것은 알파벳의 이름이다.

A, a	( )	E, e	( )		
I, i	( )	O, o	( )	U, u	( )

자음·모음의 발음 연습

1. 자음의 발음

B, b	비이→( )	**D, d**	디이→( )	**F, f**	에프→( )
C, c	씨이→( )	c 다음에 e, i, y가 올 때			
	( )	c 다음에 a, o, u가 올 때			
G, g	쥐이→( )	g 다음에 e, i, y가 올 때			
	( )	g 다음에 a, o, u가 올 때			
H, h	에이취→( )	철자발음과 불일치			
J, j	제이→( )	**K, k**	케이→( )		
L, l **L, l**	엘→( )	단어 처음에 올 때			
	( )	단어 중간이나 끝에 올 때			
M, m	엠→( )	**N, n**	엔→( )	**P, p**	피이→( )
Q, q	큐우→( )	항상 U와 붙어 있음	**R, r**	아알→( )	
S, s	에스→( )	단어의 첫 글자이고 뒤에 모음이 올 때			
	( )	뒤에 자음이 올 때와 단어 끝에서			
T, t	티이→( )	**V, v**	브이→( )		
W, w	더블유→( )	철자발음과 불일치			
X, x	엑스→( )	뒤에 자음이 올 때와 단어 끝에서			
	( )	뒤에 모음이 올 때			
Y, y	와이→(,)	**Z, z**	지이→( )		

2. 합쳐진 자음의 발음

ck	( )	ph	( )	sh	( )	ch	( )	wh	( )	ds	( )
ts	( )	ng	( )	gh	( )	th	( ), ( ), ( )				

3. 주의할 합쳐진 자음의 발음(변형발음)

sk	스ㅋ→( )	sp	스ㅍ→( )
st	스ㅌ→( )	tr	트ㄹ→( )

4. 모음의 발음

상황에 따라서 여러 가지로 발음된다. 여기에 쓰인 것은 알파벳의 이름이다.

A, a	( )	E, e	( )		
I, i	( )	O, o	( )	U, u	( )

자음·모음의 발음 연습

1. 자음의 발음

B, b	비이→( )	**D, d**	디이→( )	**F, f**	에프→( )	
C, c	씨이→( )	c 다음에 e, i, y가 올 때				
	( )	c 다음에 a, o, u가 올 때				
G, g	쥐이→( )	g 다음에 e, i, y가 올 때				
	( )	g 다음에 a, o, u가 올 때				
H, h	에이취→( )	철자발음과 불일치				
J, j	제이→( )	**K, k**	케이→( )			
L, l **L, l**	엘→( )	단어 처음에 올 때				
	( )	단어 중간이나 끝에 올 때				
M, m	엠→( )	**N, n**	엔→( )	**P, p**	피이→( )	
Q, q	큐우→( )	항상 U와 붙어 있음		**R, r**	아알→( )	
S, s	에스→( )	단어의 첫 글자이고 뒤에 모음이 올 때				
	( )	뒤에 자음이 올 때와 단어 끝에서				
T, t	티이→( )	**V, v**	브이→( )			
W, w	더블유→( )	철자발음과 불일치				
X, x	엑스→( )	뒤에 자음이 올 때와 단어 끝에서				
	( )	뒤에 모음이 올 때				
Y, y	와이→(,)		**Z, z**	지이→( )		

2. 합쳐진 자음의 발음

ck	( )	ph	( )	sh	( )	ch	( )	wh	( )	ds	( )
ts	( )	ng	( )	gh	( )	th	( ), ( ), ( )				

3. 주의할 합쳐진 자음의 발음(변형발음)

sk	스크→( )	sp	스프→( )
st	스트→( )	tr	트르→( )

4. 모음의 발음

상황에 따라서 여러 가지로 발음된다. 여기에 쓰인 것은 알파벳의 이름이다.

A, a	( )	E, e	( )		
I, i	( )	O, o	( )	U, u	( )

자음 · 모음의 발음 연습

1. 자음의 발음

B, b	비이→( )	D, d	디이→( )	F, f	에프→( )
C, c	씨이→( )	c 다음에 e, i, y가 올 때			
	( )	c 다음에 a, o, u가 올 때			
G, g	쥐이→( )	g 다음에 e, i, y가 올 때			
	( )	g 다음에 a, o, u가 올 때			
H, h	에이취→( )	철자발음과 불일치			
J, j	제이→( )	**K, k**	케이→( )		
L, l **L, l**	엘→( )	단어 처음에 올 때			
	( )	단어 중간이나 끝에 올 때			
M, m	엠→( )	**N, n**	엔→( )	**P, p**	피이→( )
Q, q	큐우→( )	항상 U와 붙어 있음		**R, r**	아알→( )
S, s	에스→( )	단어의 첫 글자이고 뒤에 모음이 올 때			
	( )	뒤에 자음이 올 때와 단어 끝에서			
T, t	티이→( )	**V, v**	브이→( )		
W, w	더블유→( )	철자발음과 불일치			
X, x	엑스→( )	뒤에 자음이 올 때와 단어 끝에서			
	( )	뒤에 모음이 올 때			
Y, y	와이→(,)			**Z, z**	지이→( )

2. 합쳐진 자음의 발음

ck	( )	ph	( )	sh	( )	ch	( )	wh	( )	ds	( )
ts	( )	ng	( )	gh	( )	th	( ), ( ), ( )				

3. 주의할 합쳐진 자음의 발음(변형발음)

sk	스ㅋ→( )	sp	스ㅍ→( )
st	스ㅌ→( )	tr	트ㄹ→( )

4. 모음의 발음

상황에 따라서 여러 가지로 발음된다. 여기에 쓰인 것은 알파벳의 이름이다.

A, a	( )	E, e	( )		
I, i	( )	O, o	( )	U, u	( )

자음 · 모음의 발음 연습

1. 자음의 발음

B, b	비이→( )	D, d	디이→( )	F, f	에프→( )
C, c	씨이→( )	c 다음에 e, i, y가 올 때			
	( )	c 다음에 a, o, u가 올 때			
G, g	쥐이→( )	g 다음에 e, i, y가 올 때			
	( )	g 다음에 a, o, u가 올 때			
H, h	에이취→( )	철자발음과 불일치			
J, j	제이→( )	**K, k**	케이→( )		
L, l **L, l**	엘→( )	단어 처음에 올 때			
	( )	단어 중간이나 끝에 올 때			
M, m	엠→( )	**N, n**	엔→( )	**P, p**	피이→( )
Q, q	큐우→( )	항상 U와 붙어 있음		**R, r**	아알→( )
S, s	에스→( )	단어의 첫 글자이고 뒤에 모음이 올 때			
	( )	뒤에 자음이 올 때와 단어 끝에서			
T, t	티이→( )	**V, v**	브이→( )		
W, w	더블유→( )	철자발음과 불일치			
X, x	엑스→( )	뒤에 자음이 올 때와 단어 끝에서			
	( )	뒤에 모음이 올 때			
Y, y	와이→(,)	**Z, z**	지이→( )		

2. 합쳐진 자음의 발음

ck	( )	ph	( )	sh	( )	ch	( )	wh	( )	ds	( )
ts	( )	ng	( )	gh	( )	th	( ), ( ), ( )				

3. 주의할 합쳐진 자음의 발음(변형발음)

sk	스ㅋ→( )	sp	스ㅍ→( )
st	스ㅌ→( )	tr	트ㄹ→( )

4. 모음의 발음

상황에 따라서 여러 가지로 발음된다. 여기에 쓰인 것은 알파벳의
이름이다.

A, a	( )	E, e	( )		
I, i	( )	O, o	( )	U, u	( )

자음 · 모음의 발음 연습

1. 자음의 발음

B, b	비이→( )	D, d	디이→( )	F, f	에프→( )
C, c	씨이→( )	c 다음에 e, i, y가 올 때			
	( )	c 다음에 a, o, u가 올 때			
G, g	쥐이→( )	g 다음에 e, i, y가 올 때			
	( )	g 다음에 a, o, u가 올 때			
H, h	에이취→( )	철자발음과 불일치			
J, j	제이→( )	K, k	케이→( )		
L, l **L, l**	엘→( )	단어 처음에 올 때			
	( )	단어 중간이나 끝에 올 때			
M, m	엠→( )	N, n	엔→( )	P, p	피이→( )
Q, q	큐우→( )	항상 U와 붙어 있음		R, r	아알→( )
S, s	에스→( )	단어의 첫 글자이고 뒤에 모음이 올 때			
	( )	뒤에 자음이 올 때와 단어 끝에서			
T, t	티이→( )	V, v	브이→( )		
W, w	더블유→( )	철자발음과 불일치			
X, x	엑스→( )	뒤에 자음이 올 때와 단어 끝에서			
	( )	뒤에 모음이 올 때			
Y, y	와이→(,)	Z, z	지이→( )		

2. 합쳐진 자음의 발음

ck	( )	ph	( )	sh	( )	ch	( )	wh	( )	ds	( )
ts	( )	ng	( )	gh	( )	th	( ), ( ), ( )				

3. 주의할 합쳐진 자음의 발음(변형발음)

sk	스ㅋ→( )	sp	스ㅍ→( )
st	스ㅌ→( )	tr	트ㄹ→( )

4. 모음의 발음

상황에 따라서 여러 가지로 발음된다. 여기에 쓰인 것은 알파벳의
이름이다.

A, a	( )	E, e	( )		
I, i	( )	O, o	( )	U, u	( )

주의할 발음

1. 자음 다음에 모음이 오는 경우는 모음과 연결하여 발음한다.

(b(ㅂ) + o(오) : 보)

2. 자음 혼자일 때나 다음에 다시 자음이 오는 경우는 'ㅡ'와 결합하여 발음한다.

① 자음 혼자일 때 (b : 브)

② 자음다음에 다시 자음이 올 때 (b(ㅂ) + r(ㄹ) : 브르)

3. 모음이 있는 부분을 크게 발음하고, 자음이 있는 부분을 작게 발음한다.

clock(클락), drop(드랍)

4. C,c (씨이)의 발음

① 씨 : c에 e, i, y가 이어질 때 (cent, dance, city, bicycle)

② ㅋ : c에 a, o, u가 이어질 때 (cat, cold, cup)

③ ①과 ②가 동시에 나온 단어 (cancer : 캔써어)

5. G,g (쥐이)의 발음

① 쥐 : g에 e, i, y 가 이어질 때 (gentleman, page, giant, gym)

② ㄱ : g에 a, o, u가 이어질 때 (gas, god, gum)

6. L,l (엘)의 발음

① (을)ㄹ : 단어 처음에 올 때 (light, lion)

28

(이때 '을'은 소리를 내지 않음)

② ㄹㄹ : 단어 중간이나 끝에 올 때 (fly, tulip, hotel)

7. R,r (아알)의 발음

혀를 말아 '우'의 입모양을 하고 '(우)ㄹ'하고 발음함(fry, right, race)

(이때 '우'는 소리를 내지 않음)

8. S,s (에스)의 발음

① ㅆ : 단어의 첫 글자이고 뒤에 모음이 올 때 (see, son, season, Seoul)

② ㅅ : 뒤에 자음이 올 때와 단어 끝에서 (sport, school, sky, bus)

9. X,x (엑스)의 발음

① 크스 : 단어 끝에 올 때 (box, fox, ox)

뒤에 자음이 올 때 (expect, excuse, experience)

② 그즈 : 뒤에 모음이 올 때 (exam, exact, example)

10. th의 발음

① 드(ð) : 이와 이 사이에 혀를 물고 '드으' 발음을 내면서 물린 혀를 빼냄 (they, that)

② 뜨(θ) : 단어의 처음에 올 때 이와 이 사이에 혀를 물고 '뜨으' 발음을 내면서 물린 혀를 빼냄 (think, thank)

③ 쓰(θ) : 단어의 맨 끝에 올 때에는 아주 작은 소리로 '쓰으'하고 발음하고, 혀를 물고 있어야 함 (mouth, south)

영어 단어를 읽는 방법

1. 음절수에 따라서 읽는다.

(음절은 발음할 때의 모음 수에 의하여 결정됨)

① 모음이 한 개면 1음절이므로 한 번에 읽는다. (예: 'bag'은 '백' 하고 한번에 읽거나 '배그'하고 '그'를 살짝 붙여서 읽는다. 이 때 '그'의 발음이 분명하게 나서는 안 된다.)

② 모음이 두 개면 2음절이므로 두 번에 읽는다.
(예: 'hunting'는 '헌팅' 하고 두 번에 읽는다.)

③ 모음이 세 개면 3음절이므로 세 번에 읽는다.
(예: 'animal'은 '애니멀' 하고 세 번에 읽는다.)

④ ①②③의 요령으로 모음 수에 의하여 음절을 결정하여 읽는다.

2. 이중모음의 발음

대부분 이중모음을 모르고 있다. 그 이유는 이중모음의 모양이 마치 2개의 모음이 모여서 생긴 것처럼 보이기 때문이다. 이중모음은 2개의 모음 기호를 나란히 하여 나타내지만, 2개의 모음을 따로따로 발음하는 것이 아니고 둘을 한 단위로 묶어 발음하는 것을 말한다. 예를 들어 설명하면 모음 a를 (에)와 (이)가 합쳐져서 생긴 모음이라고 생각하여 '에이'라고 발음하는데, 그것이 아니고 '에'를 '이'보다 다소 강하고 길게 발음하면서 '이'를 살짝 붙이듯이 발음해야 한다. 이 책에서는 한글로 (에이)하고 (이)를 작게 표시했다.

→ 2과, 4과, 6과, 8과, 11과, 12과 전부가 이중모음으로 구성되어 있음.

－ 대표적 이중모음

[ei] : (에이) (x) —— (에이) (o) make(메잌)

[ai] : (아이) (x) —— (아이) (o) time(타임)

[ou] : (오우) (x) —— (오우) (o) home(호움)

[au] : (아우) (x) —— (아우) (o) cow(카우)

[ɔi] : (오이) (x) —— (오이) (o) oil (오일)

3. 모음 한 개로 구성된 단어 (1과, 3과, 5과, 7과, 9과)

a는 [애], i는 [이], o는 [아], u는 [어], e는 [에]로 발음한다.

(예 : cat는 캩, bag은 백, big은 빅, top은 탚, sun은 썬, bed은 벧
으로 발음됨)

4. [자음 + 모음 + 자음 + e]로 구성된 단어
(2과, 4과, 6과, 8과, 10과)

끝에 있는 'e'는 발음이 나지 않고 모음은 알파벳 이름으로 발음한다.

(예 : cake는 케잌, Eve는 이이브, bike는 바잌, hope는 호웊, cute는
큐웉로 발음됨)

5. [자음 + 모음 + 모음 + 자음]으로 구성된 단어 (12과)

첫 번째 모음은 알파벳 이름으로 발음하고 두 번째 모음은 발음하
지 않는다.

(예 : tail은 테일, meat는 미잍, goat는 고웉으로 발음한다.)

31

6. [자음 + 모음 + 모음]으로 구성된 단어 (13과)

5번의 경우처럼 첫 번째 모음은 알파벳 이름으로 발음하고 두 번째 모음을 발음하지 않는다.

(예 : sea는 씨이, tie는 타이, toe는 토우, cue는 큐우로 발음한다.)

7. [자음 + 모음]으로 구성된 단어 (14과)

모음을 알파벳 이름으로 발음한다.

(예 : he는 히이, she는 쉬이, we는 위이, hi는 하이, go는 고우로 발음한다.)

[æ, 애]로 발음되는 a

b a g → 1. 백 (좋은 발음)
(ㅂ) (애) (ㄱ) 2. 배그 (나쁜 발음)

b a t → 1. 뱉 (좋은 발음)
(ㅂ) (애) (ㅌ) 2. 배트 (나쁜 발음)

c a t → 1. 캩 (좋은 발음)
(ㅋ) (애) (ㅌ) 2. 캐트 (나쁜 발음)

c a n → 1. 캔 (좋은 발음)
(ㅋ) (애) (ㄴ) 2. 캐느 (나쁜 발음)

c a p → 1. 캪 (좋은 발음)
(ㅋ) (애) (ㅍ) 2. 캐프 (나쁜 발음)

다음 (　)와 1에 알맞은 우리말을 써 넣어 보세요.

b a g → 1. 　　　　　(좋은 발음)
(　)　(　)　(　)

b a t → 1. 　　　　　(좋은 발음)
(　)　(　)　(　)

c a t → 1. 　　　　　(좋은 발음)
(　)　(　)　(　)

c a n → 1. 　　　　　(좋은 발음)
(　)　(　)　(　)

c a p → 1. 　　　　　(좋은 발음)
(　)　(　)　(　)

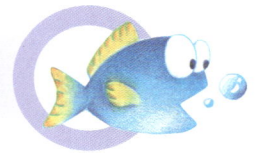

발음해 봐요

j a m →
(ㅈ) (애) (ㅁ)

1. 잼 (좋은 발음)
2. 재므 (나쁜 발음)

p a t h →
(ㅍ) (애) (쓰)

1. 패쓰 (좋은 발음)
2. 패스 (나쁜 발음)

p a n →
(ㅍ) (애) (ㄴ)

1. 팬 (좋은 발음)
2. 패느 (나쁜 발음)

r a t →
(우ㄹ) (애) (ㅌ)

1. (우)랱 (좋은 발음)
2. (우)래트 (나쁜 발음)

a n t →
(애) (ㄴ) (ㅌ)

1. 앤트 (좋은 발음)
2. 앤트 (나쁜 발음)

다음 ( )와 1에 알맞은 우리말을 써 넣어 보세요.

j a m → 1.   (좋은 발음)
( ) ( ) ( )

p a t h → 1.   (좋은 발음)
( ) ( ) ( )

p a n → 1.   (좋은 발음)
( ) ( ) ( )

r a t → 1.   (좋은 발음)
( ) ( ) ( )

a n t → 1.   (좋은 발음)
( ) ( ) ( )

생각해 봐요

다음 단어를 읽고 영어 단어의 뜻이 무엇인지 말해 보세요.

bag    **bat**    **cat**    **can**

cap    **jam**    **path**    **pan**

rat    **ant**

동그라미를 그려 봐요

아래 표에서 영어 단어를 찾아 ○로 표시해 보세요.

(순서는 앞에서 뒤로, 뒤에서 앞으로, 위에서 아래르, 아래에서 위로 여러 방향임)

bag	bat	cat	can	cap
jam	path	pan	rat	ant

●	J	●	●	●	●	●	●	●
●	A	●	H	T	A	P	●	●	R
●	M	●	●	●	●	●	●	A
●	●	●	●	●	●	C	A	T
●	C	A	P	●	●	●	A	●
●	●	●	●	●	P	A	N	●
●	B	●	●	●	●	●	●	●
B	A	G	●	●	●	●	●	●
●	T	●	●	●	A	N	T	●
●	●	●	●	●	●	●	●	●
●	●	●	●	●	●	●	●	●

(이 부분은 대문자와 소문자를 같이 공부하는 부분입니다.)

동그라미를 그려 봐요

아래 표에서 영어 단어를 찾아 ○로 표시해 보세요.

(순서는 앞에서 뒤로, 뒤에서 앞으로, 위에서 아래로, 아래에서 위로 여러 방향임)

bag	bat	cat	can	cap
jam	path	pan	rat	ant

x	B	x	x	x	x	x	x	x	x
B	A	G	x	x	x	R	x	x	x
x	T	x	x	x	x	A	x	x	x
x	x	x	x	C	A	T	x	x	x
x	x	x	x	A	x	x	P	x	x
x	x	P	A	N	x	x	x	A	x
x	x	A	x	x	x	x	J	x	C
x	x	T	x	x	x	x	A	x	x
x	x	H	A	N	T	x	M	x	x
x	x	x	x	x	x	x	x	x	x
x	x	x	x	x	x	x	x	x	x

(이 부분은 대문자와 소문자를 같이 공부하는 부분입니다.)

동그라미를 그려 봐요

아래 표에서 영어 단어를 찾아 ○로 표시해 보세요.

(순서는 앞에서 뒤로, 뒤에서 앞으로, 위에서 아래로, 아래에서 위로 여러 방향임)

bag	bat	cat	can	cap
jam	path	pan	rat	ant

A	B	G	U	H	V	F	R	M	V
B	A	G	K	A	X	R	E	E	H
T	T	L	N	B	M	A	F	R	M
K	J	V	H	C	A	T	F	A	A
G	T	A	E	A	O	K	P	C	X
M	U	P	A	N	U	E	G	A	Z
D	I	A	I	P	M	V	J	K	C
A	F	T	S	H	J	F	A	N	G
D	R	H	A	N	T	Q	M	D	C
U	H	W	N	D	K	L	Y	J	N
H	A	N	D	Q	J	G	H	S	H

(이 부분은 대문자와 소문자를 같이 공부하는 부분입니다.)

그림과 같은 뜻의 영어 단어를 연결해 보세요.

•   • **cap**

•   • **bat**

•   • **bag**

•   • **cat**

•   • **can**

줄을 그어 봐요

그림과 같은 뜻의 영어 단어를 연결해 보세요.

   •   • path

   •   • ant

   •   • rat

   •   • pan

   •   • jam

무엇일까요?

그림을 보고 아래 문장과 의미가 같은 번호를 찾아 □ 에 써 보세요.

1. a cap on a cat   2. a can in a bag

3. a bat on a pan   4. ants on a path

줄을 그어 봐요

우리말과 같은 뜻의 영어 단어를 찾아 연결해 보세요.

1. 가방   •   • **cap**

2. 박쥐   •   • **bat**

3. 고양이   •   • **bag**

4. 깡통   •   • **cat**

5. 야구 모자   •   • **can**

줄을 그어 봐요

우리말과 같은 뜻의 영어 단어를 찾아 연결해 보세요.

6. 잼　　　　•　　　　　• **pan**

7. 좁은길,　　•　　　　　• **jam**
　오솔길

8. 프라이 팬　•　　　　　• **rat**

9. 쥐　　　　•　　　　　• **path**

10. 개미　　　•　　　　　• **ant**

빈칸에 알맞은 철자를 넣어 단어를 완성해 보세요.

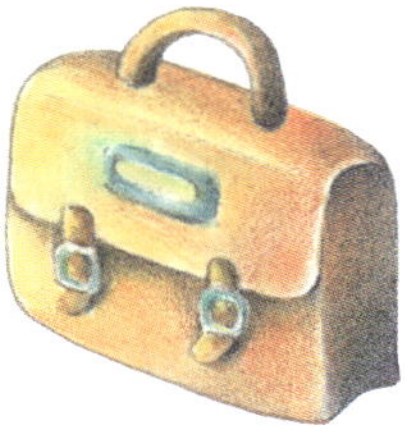

| | a | g |

| | a | t |

| | a | t |

| | a | n |

| c | a | |

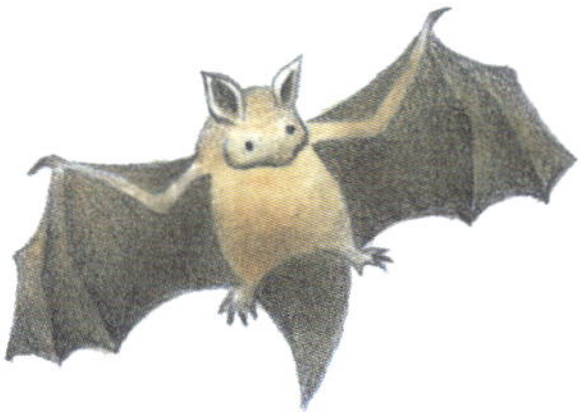

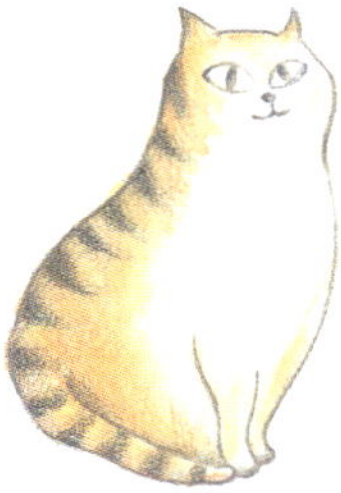

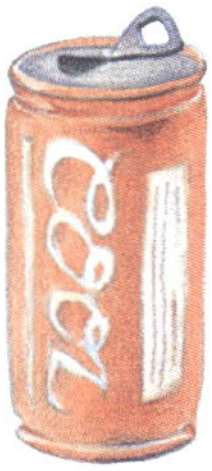

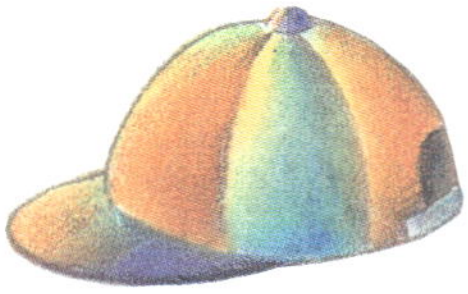

영어로 써 봐요

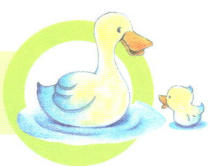

빈칸에 알맞은 철자를 넣어 단어를 완성해 보세요.

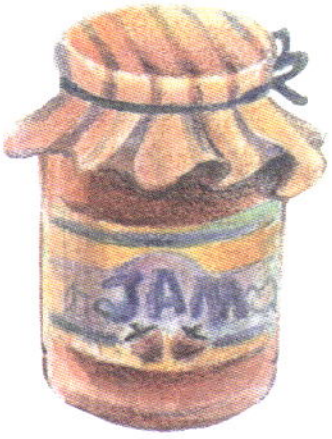

	a	m

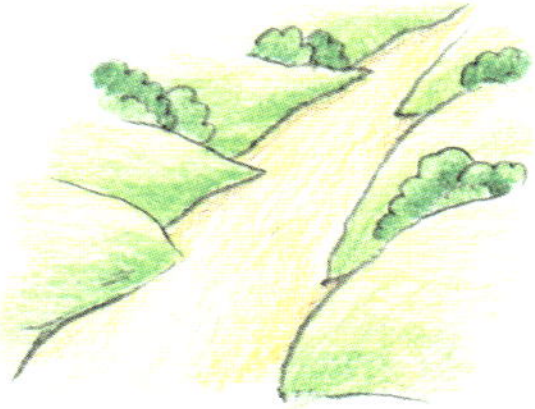

p	a		

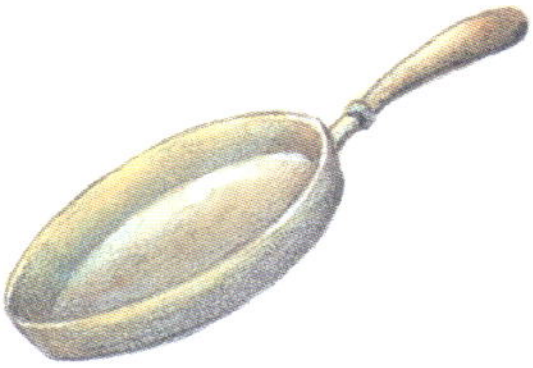

	a	n

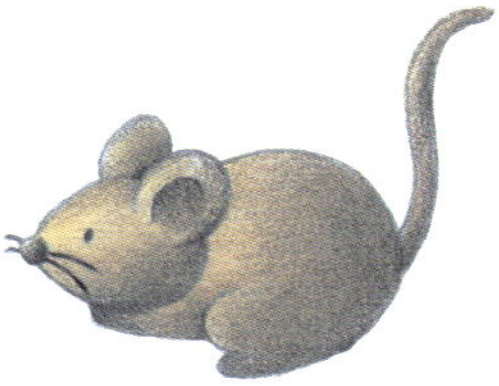

	a	t

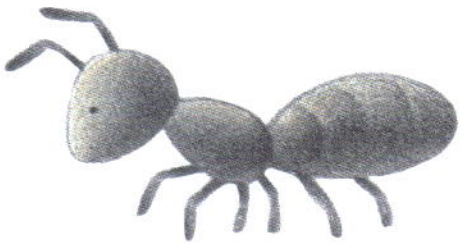

	n	

다른 단어로 복습해요!

A. 다음 단어를 읽어 보세요!

번호	단 어	발음 구성
1	fat	f(ㅍ)+a(애)+t(ㅌ)
2	sad	s(ㅆ)+a(애)+d(ㄷ)
3	back	b(ㅂ)+a(애)+ck(ㅋ)
4	dash	d(ㄷ)+a(애)+sh(쉬)
5	and	a(애)+n(ㄴ)+d(ㄷ)

번호	단 어	좋은 발음	나쁜 발음	의 미
1	fat	퍁	패트	뚱뚱한
2	sad	쌛	쌔드, 샏	슬픈
3	back	백	배크	등
4	dash	대쉬	대쉬	달리다
5	and	앤ㄷ	앤드	그리고

B. 다음 빈칸을 알맞은 말을 써 넣으세요!

번호	단 어	발음 구성			좋은 발음
1	fat	f( )+a( )+t( )			
2	sad	s( )+a( )+d( )			
3	back	b( )+a( )+ck( )			
4	dash	d( )+a( )+sh( )			
5	and	a( )+n( )+d( )			

[자음+a+자음+e]

(에이)　　　(e는 발음이 나지 않음)

c a n e → 　1. 케인　　(좋은 발음)
　　　　　　　　2. 케인　　(나쁜 발음)
(ㅋ) (에이) (ㄴ) (×)

c a k e → 　1. 케잌　　(좋은 발음)
　　　　　　　　2. 케잌　　(나쁜 발음)
(ㅋ) (에이) (ㅋ) (×)

c a g e → 　1. 케이쥐　(좋은 발음)
　　　　　　　　2. 케이쥐　(나쁜 발음)
(ㅋ) (에이) (쥐) (×)

g a m e → 　1. 게임　　(좋은 발음)
　　　　　　　　2. 게임　　(나쁜 발음)
(ㄱ) (에이) (ㅁ) (×)

g a t e → 　1. 게잍　　(좋은 발음)
　　　　　　　　2. 게잍　　(나쁜 발음)
(ㄱ) (에이) (ㅌ) (×)

49

우리말로 써 봐요

다음 ( )와 1에 알맞은 우리말을 써 넣어 보세요.

c a n e → 1.   (좋은 발음)
( ) ( ) ( ) ( )

c a k e → 1.   (좋은 발음)
( ) ( ) ( ) ( )

c a g e → 1.   (좋은 발음)
( ) ( ) ( ) ( )

g a m e → 1.   (좋은 발음)
( ) ( ) ( ) ( )

g a t e → 1.   (좋은 발음)
( ) ( ) ( ) ( )

l a k e →
(을ㄹ) (에이) (ㅋ) (×)

1.(을)레익 (좋은 발음)
2.(을)레익 (나쁜 발음)

m a t e →
(ㅁ) (에이) (ㅌ) (×)

1.메잍 (좋은 발음)
2.메잍 (나쁜 발음)

p l a n e →
(ㅍ) (ㄹㄹ)(에이) (ㄴ) (×)

1.플레인 (좋은 발음)
2.플레인 (나쁜 발음)

★자음은 단독일 때나, 뒤에 자음이 올 경우는 '_'와 결합하여 발음한다. [p(ㅍ) + l(ㄹㄹ) : 플리]

t a p e →
(ㅌ) (에이) (ㅍ) (×)

1.테잎 (좋은 발음)
2.테잎 (나쁜 발음)

v a s e →
(ㅂ) (에이) (ㅅ) (×)

1.베잇 (나쁜 발음)
2.베이스 (좋은 발음)

★베잇(vase) : '케익'과 같은 요령으로 발음했지만 틀린 발음이다. 's'는 끝에 올 때 반드시 '스' 혹은 '즈' 하고 발음을 해야 한다. 그래서 '베이스'로 발음을 해야 한다.

다음 ( )와 1에 알맞은 우리말을 써 넣어 보세요.

l a k e → 1.   (좋은 발음)
(   )(   ) (   ) (   )

m a t e → 1.   (좋은 발음)
  (   ) (   )(   )(   )

p l a n e → 1.   (좋은 발음)
(   )(   )(   )(   ) (   )

t a p e → 1.   (좋은 발음)
(   )(   ) (   ) (   )

v a s e → 1.   (좋은 발음)
(   ) (   )(   ) (   )

52

생각해 봐요

다음 단어를 읽고 영어 단어의 뜻이 무엇인지 말해 보세요.

cane	cake	cage	game
gate	lake	mate	plane

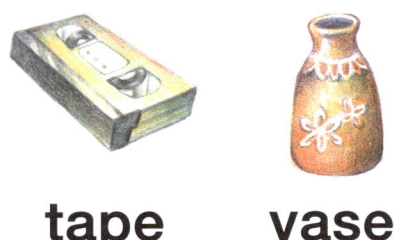

tape   vase

동그라미를 그려 봐요

아래 표에서 영어 단어를 찾아 ○로 표시해 보세요.

(순서는 앞에서 뒤로, 뒤에서 앞으로, 위에서 아래로, 아래에서 위로 여러 방향임)

cane	cake	cage	game	gate
lake	mate	plane	tape	vase

●	●	●	C	●	●	E	●	●	●
●	●	C	A	N	E	T	●	●	●
●	●	●	K	●	●	A	L	●	●
C	A	G	E	●	●	G	A	M	E
●	M	●	●	E	●	●	K	●	●
●	A	●	●	N	●	●	E	●	T
●	T	●	●	A	●	●	●	●	A
●	E	●	●	L	●	●	●	●	P
●	●	●	●	P	●	V	A	S	E
●	●	●	●	●	●	●	●	●	●
●	●	●	●	●	●	●	●	●	●

(이 부분은 대문자와 소문자를 같이 공부하는 부분입니다.)

동그라미를 그려 봐요

아래 표에서 영어 단어를 찾아 ○로 표시해 보세요.

(순서는 앞에서 뒤로, 뒤에서 앞으로, 위에서 아래로, 아래에서 위로 여러 방향임)

cane	cake	cage	game	gate
lake	mate	plane	tape	vase

G	A	M	E	x	L	C	A	N	E
A	x	x	x	x	x	A	x	x	x
T	A	P	E	x	x	K	K	x	P
E	x	x	M	A	T	E	x	E	L
x	x	x	x	x	x	x	x	x	A
x	x	x	V	x	x	x	x	A	N
x	x	x	A	x	x	x	x	x	E
x	x	x	S	x	C	x	x	x	x
x	x	x	E	x	A	x	x	x	x
x	x	x	x	x	G	x	x	x	x
x	x	x	x	x	E	x	x	x	x

(이 부분은 대문자와 소문자를 같이 공부하는 부분입니다.)

동그라미를 그려 봐요

아래 표에서 영어 단어를 찾아 ○로 표시해 보세요.
(순서는 앞에서 뒤로, 뒤에서 앞으로, 위에서 아래로, 아래에서 위로 여러 방향임)

cane	cake	cage	game	gate
lake	mate	plane	tape	vase

G	A	M	E	S	L	C	A	N	E
A	Q	Q	W	W	T	A	X	G	U
T	A	P	E	P	Z	K	K	C	P
E	Q	W	M	A	T	E	E	E	L
A	S	D	F	L	G	H	J	K	A
Q	W	A	V	E	W	E	R	T	N
Q	W	W	A	R	T	H	A	T	E
A	S	Z	S	Z	C	Z	X	C	V
Z	X	C	E	A	A	V	B	N	M
Q	W	E	R	T	G	Y	U	I	O
Z	S	E	R	G	E	E	N	N	M

(이 부분은 대문자와 소문자를 같이 공부하는 부분입니다.)

그림과 같은 뜻의 영어 단어를 연결해 보세요.

•   • **game**

•   • **gate**

•   • **cane**

•   • **cage**

•   • **cake**

줄을 그어 봐요

그림과 같은 뜻의 영어 단어를 연결해 보세요.

　•　　　　　• mate

　•　　　　　• lake

　•　　　　　• tape

　•　　　　　• vase

　•　　　　　• plane

무엇일까요?

그림을 보고 아래 문장과 의미가 같은 번호를 찾아 □ 에 써 보세요.

1. a cane by a gate   2. a cake in a cage
3. a tape on a vase   4. a plane in a lake

59

줄을 그어 봐요

우리말과 같은 뜻의 영어 단어를 찾아 연결해 보세요.

1. 지팡이 •   • **gate**

2. 케이크 •   • **cage**

3. 새장 •   • **cake**

4. 게임 •   • **cane**

5. 출입문 •   • **game**

우리말과 같은 뜻의 영어 단어를 찾아 연결해 보세요.

6. 호수　　　　•　　　　　　　• **mate**

7. 짝　　　　•　　　　　　　• **vase**

8. 비행기　　　　•　　　　　　　• **lake**

9. 테이프　　　　•　　　　　　　• **tape**

10. 꽃병　　　　•　　　　　　　• **plane**

영어로 써 봐요

빈칸에 알맞은 철자를 넣어 단어를 완성해 보세요.

| | a | n | e |

| c | a | | e |

| | a | g | e |

| | a | m | e |

| | a | t | e |

영어로 써 봐요

빈칸에 알맞은 철자를 넣어 단어를 완성해 보세요.

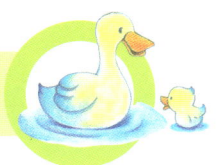

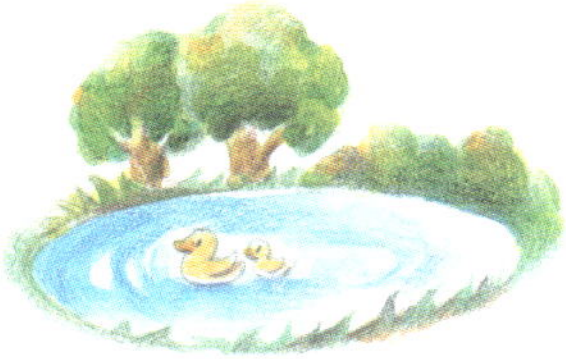

l	a		e

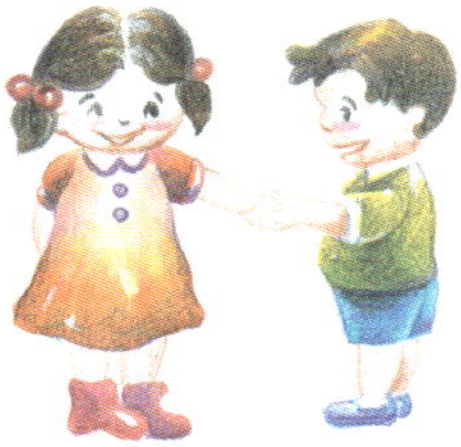

m	a		e

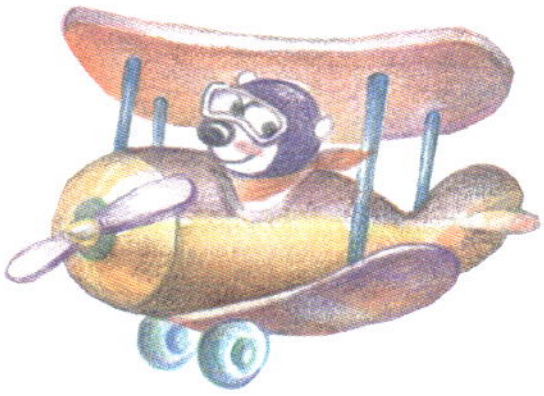

		a	n	e

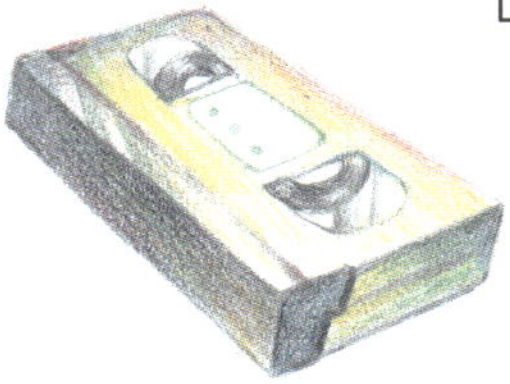

	a		e

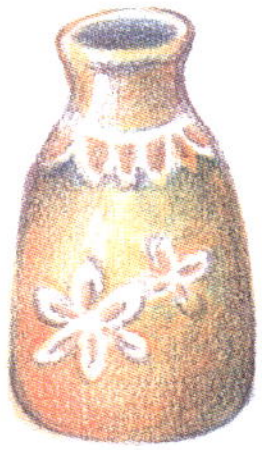

		s	e

다른 단어로 복습해요!

A. 다음 단어를 읽어 보세요!

번호	단 어	발음 구성
1	make	m(ㅁ)+a(에이)+k(ㅋ)+e(x)
2	bake	b(ㅂ)+a(에이)+k(ㅋ)+e(x)
3	hate	h(ㅎ)+a(에이)+t(ㅌ)+e(x)
4	safe	s(ㅆ)+a(에이)+f(ㅍ)+e(x)
5	bathe	b(ㅂ)+a(에이)+th(드)+e(x)

번호	단 어	좋은 발음	나쁜 발음	의 미
1	make	메잌	메읶	만들다
2	bake	베잌	베읶	굽다
3	hate	헤잍	헤잍	미워하다
4	safe	쎄잎	쎄잎, 세잎	안전한
5	bathe	베이드	베이드	목욕하다

B. 다음 빈칸을 알맞은 말을 써 넣으세요!

번호	단 어	발음 구성	좋은 발음
1	make	m( )+a( )+k( )+e( )	
2	bake	b( )+a( )+k( )+e( )	
3	hate	h( )+a( )+t( )+e( )	
4	safe	s( )+a( )+f( )+e( )	
5	bathe	b( )+a( )+th( )+e( )	

그림을 보고 아래 문장과 의미가 같은 번호를 찾아 □ 에 써 보세요.

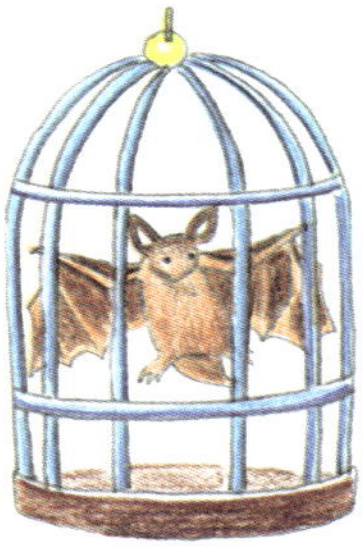

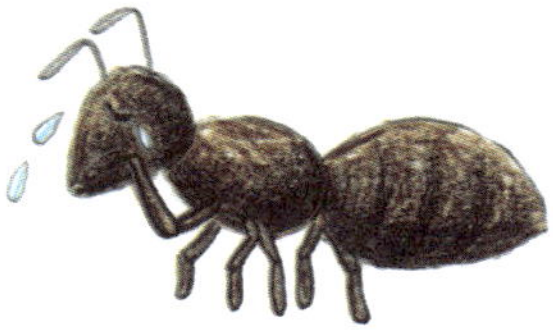

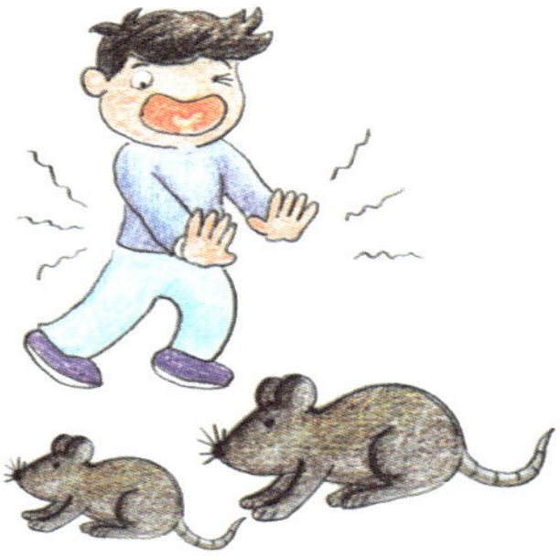

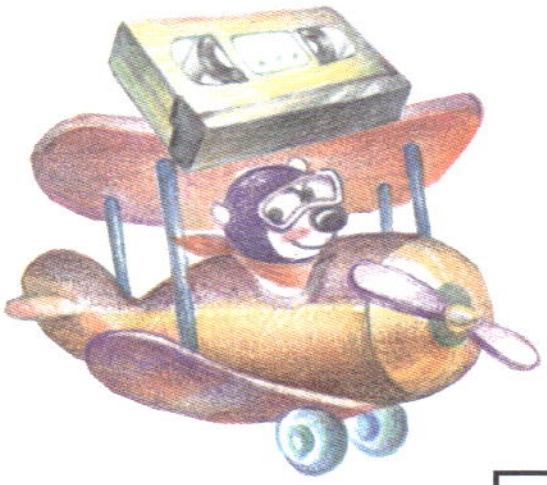

1. I hate rats.
2. a bat in a cage
3. a tape on a plane
4. a sad ant

그림을 보고 아래 문장과 의미가 같은 번호를 찾아 ☐에 써 보세요.

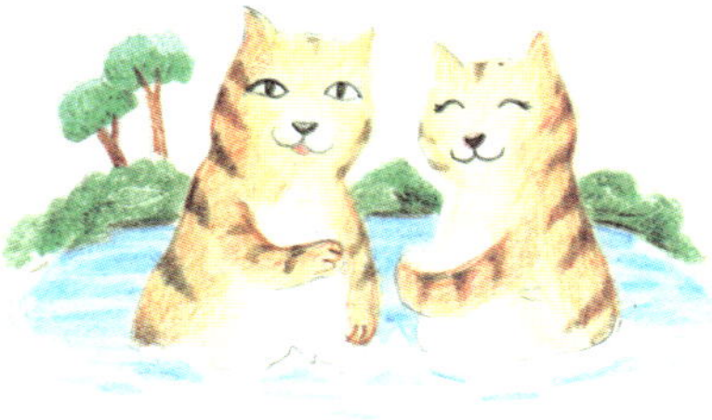

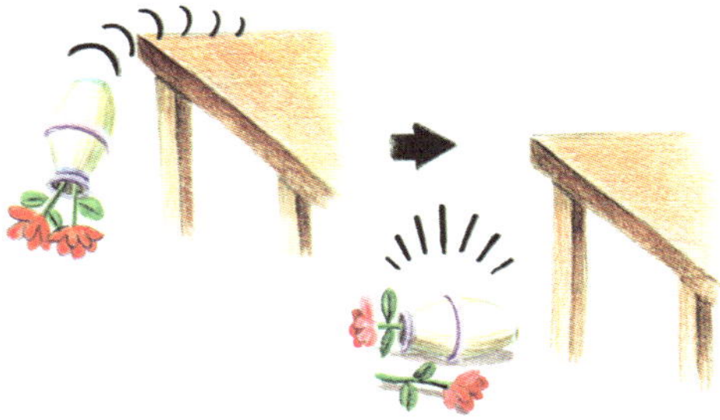

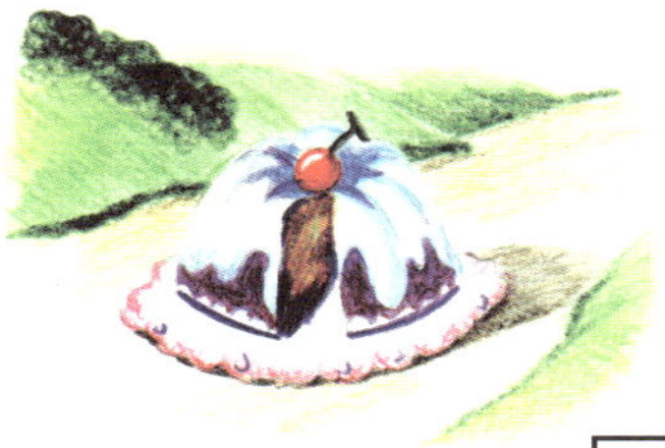

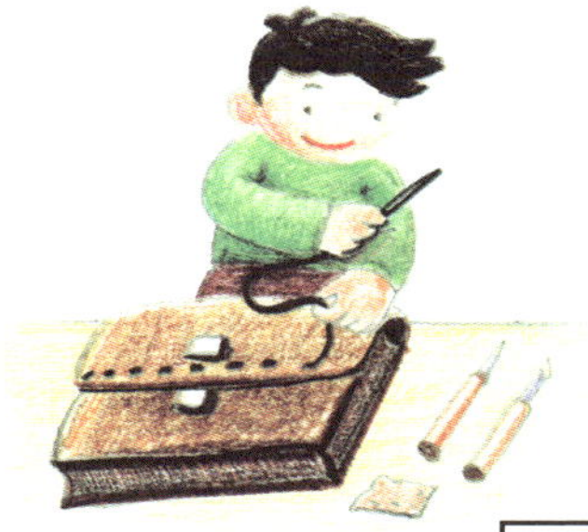

☐

☐

☐

☐

5. I make a bag.

6. Cats bathe in a lake.

7. a safe vase   8. cake on a path

f i s h → 1. 피쉬   (좋은 발음)

(ㅍ) (이) (쉬)   2. 피쉬   (나쁜 발음)

i l l → 1. 일르   (좋은 발음)

(이) (ㄹㄹ) (×)   2. 일르   (나쁜 발음)

k i d → 1. 킫   (좋은 발음)

(ㅋ) (이) (ㄷ)   2. 키드   (나쁜 발음)

p i g → 1. 픽   (좋은 발음)

(ㅍ) (이) (ㄱ)   2. 피그   (나쁜 발음)

b i g → 1. 빅   (좋은 발음)

(ㅂ) (이) (ㄱ)   2. 비그   (나쁜 발음)

우리말로 써 봐요

다음 ( )와 1에 알맞은 우리말을 써 넣어 보세요.

f i s h → 1. (좋은 발음)

( )( ) ( )

i l l → 1. (좋은 발음)

( ) ( ) ( )

k i d → 1. (좋은 발음)

( ) ( ) ( )

p i g → 1. (좋은 발음)

( ) ( ) ( )

b i g → 1. (좋은 발음)

( ) ( ) ( )

s t i n g →　1. 스띵　　　　(좋은 발음)
(스ㄸ) (이) (ㅇ)　　　　2. 스띵, 스팅 (나쁜 발음)

s i x →　1. 씩스　　(좋은 발음)
(ㅆ) (이) (크스)　　2. 씩스　　(나쁜 발음)

w i g →　1. 웍　　(좋은 발음)
(우) (이) (ㄱ)　　2. 위그　(나쁜 발음)

g y m →　1. 쥠　　(좋은 발음)
(쥐) (이) (ㅁ)　　2. 김　　(나쁜 발음)

m i l k →　1. 밀ㄹ크　(좋은 발음)
(ㅁ) (이) (ㄹㄹ) (ㅋ)　　2. 밀르크　(나쁜 발음)

다음 ( )와 1에 알맞은 우리말을 써 넣어 보세요.

s t i n g → 1.　　　(좋은 발음)
(　　) (　　) (　　)

s i x → 1.　　　(좋은 발음)
(　　)　(　　)　(　　)

w i g → 1.　　　(좋은 발음)
(　　)　(　　)　(　　)

g y m → 1.　　　(좋은 발음)
(　　) (　　) (　　)

m i l k → 1.　　　(좋은 발음)
(　　) (　　)(　　)(　　)

생각해 봐요

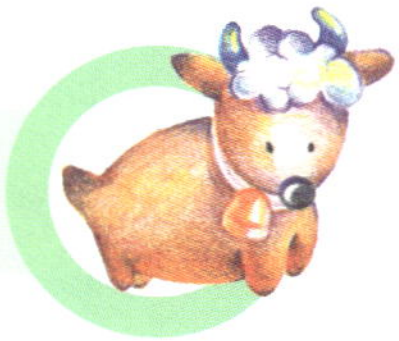

다음 단어를 읽고 영어 단어의 뜻이 무엇인지 말해 보세요.

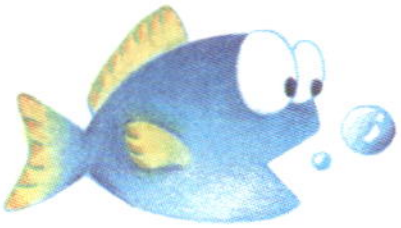

fish

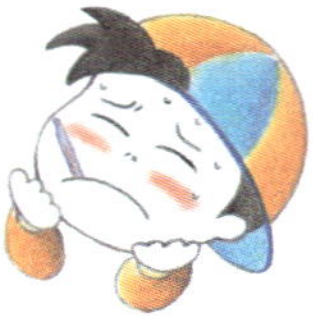

ill

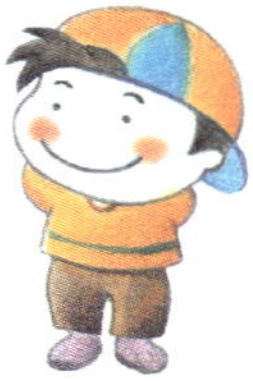

kid

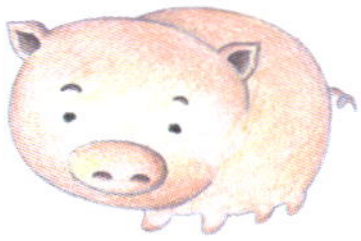

pig

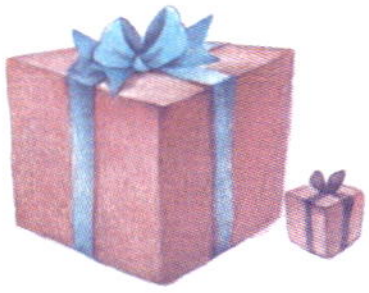

big

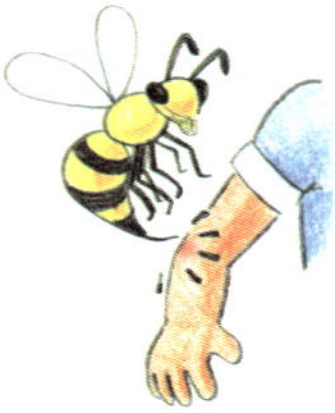

sting

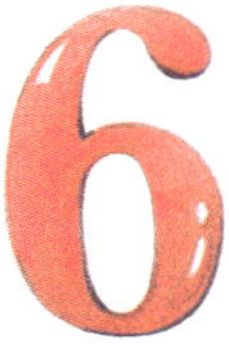

six

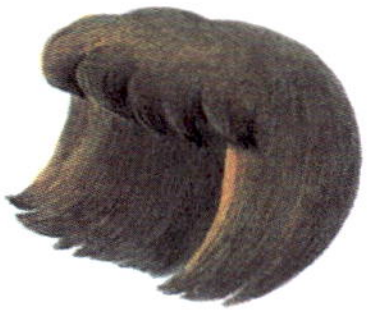

wig

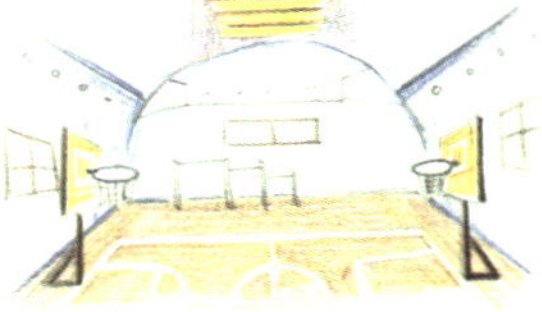

gym

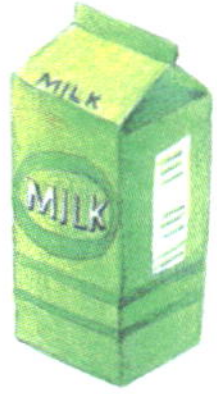

milk

동그라미를 그려 봐요

아래 표에서 영어 단어를 찾아 ○로 표시해 보세요.

(순서는 앞에서 뒤로, 뒤에서 앞으로, 위에서 아래로, 아래에서 위로 여러 방향임)

fish	ill	kid	pig	big
sting	six	wig	gym	milk

Q	W	G	F	P	G	X	P	S	A
S	O	C	L	Y	I	W	I	T	D
H	I	I	M	E	K	X	N	I	B
N	M	T	I	F	I	S	H	N	P
J	F	Y	B	W	D	I	T	G	J
K	L	L	I	E	M	I	L	K	P
X	P	I	G	Z	Q	Z	S	A	P
V	V	G	T	D	E	W	I	G	O
I	L	L	M	R	H	F	X	E	O

(이 부분은 대문자와 소문자를 같이 공부하는 부분입니다.)

줄을 그어 봐요

그림과 같은 뜻의 영어 단어를 연결해 보세요.

•   • big

•   • pig

•   • ill

•   • fish

•   • kid

줄을 그어 봐요

그림과 같은 뜻의 영어 단어를 연결해 보세요.

 •   • **gym**

 •   • **six**

 •   • **wig**

 •   • **sting**

 •   • **milk**

무엇일까요?

그림을 보고 아래 문장과 의미가 같은 번호를 찾아 □ 에 써 보세요.

1. a big pig
2. milk on a wig
3. six kids in a gym
4. an ill fish in a gym

줄을 그어 봐요

우리말과 같은 뜻의 영어 단어를 찾아 연결해 보세요.

1. 물고기 •   • **pig**

2. 아픈 •   • **big**

3. 어린아이 •   • **fish**

4. 돼지 •   • **kid**

5. 큰 •   • **ill**

줄을 그어 봐요

우리말과 같은 뜻의 영어 단어를 찾아 연결해 보세요.

6. 쏘다, 찌르다 •　　　　　　　　• six

7. 육, 여섯　　•　　　　　　　• sting

8. 가발　　　•　　　　　　　• milk

9. 체육관　　•　　　　　　　• gym

10. 우유　　　•　　　　　　　• wig

영어로 써 봐요

빈칸에 알맞은 철자를 넣어 단어를 완성해 보세요.

	i	s	h

	l	l

	i	d

	i	g

b	i	

영어로 써 봐요

빈칸에 알맞은 철자를 넣어 단어를 완성해 보세요.

| s | | i | n | |

| | i | x |

| | i | g |

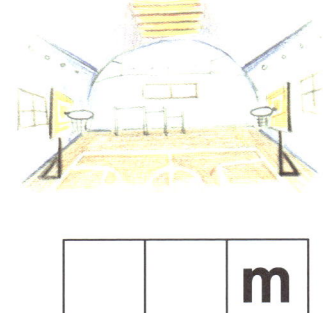

| | | m |

| | i | l |

다른 단어로 복습해요!

A. 다음 단어를 읽어 보세요!

번호	단 어	발음 구성
1	mix	m(ㅁ)+i(이)+x(크스)
2	hit	h(ㅎ)+i(이)+t(ㅌ)
3	wing	w(우)+i(이)+ng(ㅇ)
4	win	w(우)+i(이)+n(ㄴ)
5	dish	d(ㄷ)+i(이)+sh(쉬)

번호	단 어	좋은 발음	나쁜 발음	의 미
1	mix	믹스	믹스	섞다
2	hit	힡	히트	치다
3	wing	윙	우잉	날개
4	win	윈	우인, 위느	이기다
5	dish	디쉬	디쉬	접시

B. 다음 빈칸을 알맞은 말을 써 넣으세요!

번호	단 어	발음 구성	좋은 발음
1	mix	m( )+i( )+x( )	
2	hit	h( )+i( )+t( )	
3	wing	w( )+i( )+ng( )	
4	win	w( )+i( )+n( )	
5	dish	d( )+i( )+sh( )	

[자음+i+자음+e]

(아이)　　　(e는 발음이 나지 않음)

k i t e →
(ㅋ)　(아이)　(ㅌ)　(×)

1. 카일　(좋은 발음)
2. 카잍　(나쁜 발음)

n i n e →
(ㄴ)　(아이)　(ㄴ)　(×)

1. 나인　(좋은 발음)
2. 나인　(나쁜 발음)

p i n e →
(ㅍ)　(아이)　(ㄴ)　(×)

1. 파인　(좋은 발음)
2. 파인　(나쁜 발음)

r i c e →
(우ㄹ)　(아이)　(ㅅ)　(×)

1. (우)라잇　(나쁜 발음)
2. (우)라이스　(좋은 발음)
3. (우)라이스　(나쁜 발음)

★ c가 단어의 끝에 오면 'ㅅ'으로 발음되는데 2과의 vase(베이스)처럼 '라잇'이 아니라 '라이스'로 발음함.

t i m e →
(ㅌ)　(아이)　(ㅁ)　(×)

1. 타임　(좋은 발음)
2. 타임　(나쁜 발음)

다음 ( )와 1에 알맞은 우리말을 써 넣어 보세요.

k i t e → 1.　　　(좋은 발음)
( )　( )　( )　( )

n i n e → 1.　　　(좋은 발음)
( )　( )　( )　( )

p i n e → 1.　　　(좋은 발음)
( )　( )　( )　( )

r i c e → 1.　　　(좋은 발음)
( )( )　( )　( )

t i m e → 1.　　　(좋은 발음)
( )( )　( )　( )

w i n e → 1. 우아인→와인 (좋은 발음)
(우) (아이) (ㄴ) (×) 　　2. 우아인→와인 (나쁜 발음)

s h i n e → 1. 쉬아인→샤인 (좋은 발음)
(쉬) (아이) (ㄴ) (×)　 　2. 쉬아인→샤인 (나쁜 발음)

l i n e → 1. (을)라인 (좋은 발음)
(을ㄹ) (아이) (ㄴ) (×)　 2. (을)라인 (나쁜 발음)

w i f e → 1. 와잎 (좋은 발음)
(우) (아이) (ㅍ) (×)　 　2. 와잎 (나쁜 발음)

b i k e → 1. 바잌 (좋은 발음)
(ㅂ) (아이) (ㅋ) (×)　 　2. 바잌 (나쁜 발음)

다음 ( )와 1에 알맞은 우리말을 써 넣어 보세요.

w i n e → 1.　　(좋은 발음)
( ) ( )( ) ( )

s h i n e → 1.　　(좋은 발음)
　( ) ( )( )( )

l i n e → 1.　　(좋은 발음)
( )( )( ) ( )

w i f e → 1.　　(좋은 발음)
( ) ( )( )( )

b i k e → 1.　　(좋은 발음)
( )( )( ) ( )

생각해 봐요

다음 단어를 읽고 영어 단어의 뜻이 무엇인지 말해 보세요.

kite   nine   pine   rice

time   wine   shine   line

wife   bike

동그라미를 그려 봐요

아래 표에서 영어 단어를 찾아 ○로 표시해 보세요.

(순서는 앞에서 뒤로, 뒤에서 앞으로, 위에서 아래로, 아래에서 위로 여러 방향임)

kite	nine	pine	rice	time
wine	shine	line	wife	bike

T	U	J	D	L	M	W	W	O	K
Z	L	Q	V	P	I	K	I	B	E
K	I	T	E	D	A	N	F	U	N
A	K	I	E	B	F	W	E	O	I
S	H	I	N	E	I	R	I	K	N
K	D	F	T	Y	N	P	I	N	E
G	F	B	I	K	E	U	Z	C	E
X	M	P	M	V	U	Q	A	I	E
F	B	G	E	M	E	Q	W	T	E

(이 부분은 대문자와 소문자를 같이 공부하는 부분입니다.)

줄을 그어 봐요

그림과 같은 뜻의 영어 단어를 연결해 보세요.

- • pine

- • rice

- • kite

- • nine

- • time

줄을 그어 봐요

그림과 같은 뜻의 영어 단어를 연결해 보세요.

   •   • bike

   •   • shine

   •   • wine

   •   • wife

   •   • line

무엇일까요?

그림을 보고 아래 문장과 의미가 같은 번호를 찾아 ☐ 에 써 보세요.

1. a kite over rice   2. Five pine trees shine.

3. a wife by a bike   4. nine lines

줄을 그어 봐요

우리말과 같은 뜻의 영어 단어를 찾아 연결해 보세요.

1. 쌀, 벼 •   • **kite**

2. 시간 •   • **nine**

3. 연 •   • **pine**

4. 아홉, 9 •   • **rice**

5. 소나무 •   • **time**

우리말과 같은 뜻의 영어 단어를 찾아 연결해 보세요.

6. 아내   •   • **wine**

7. 빛나다   •   • **shine**

8. 자전거   •   • **line**

9. 술, 포도주   •   • **wife**

10. 줄, 선   •   • **bike**

빈칸에 알맞은 철자를 넣어 단어를 완성해 보세요.

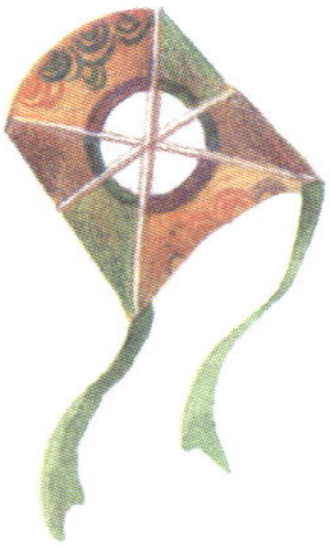

	i	t	e

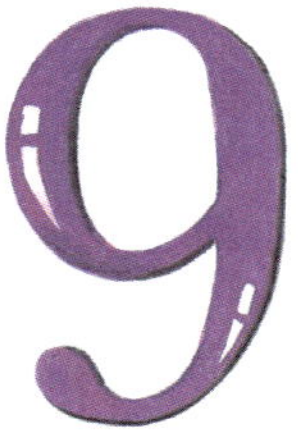

	i	n	e

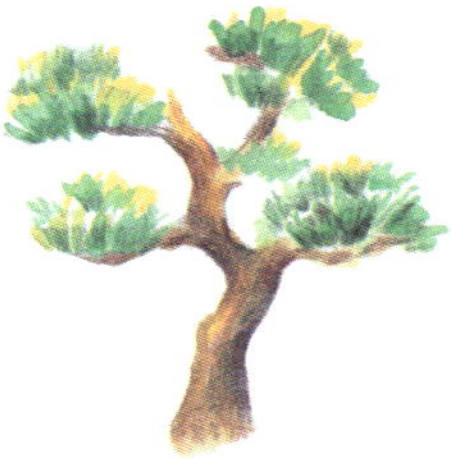

	i	n	e

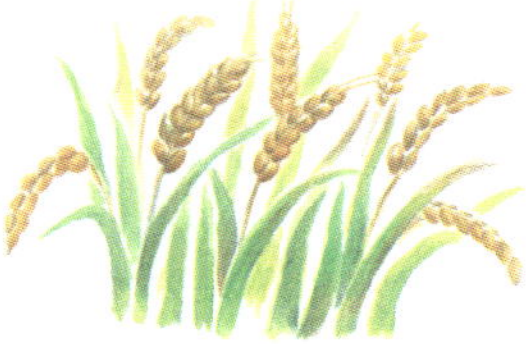

	i	c	e

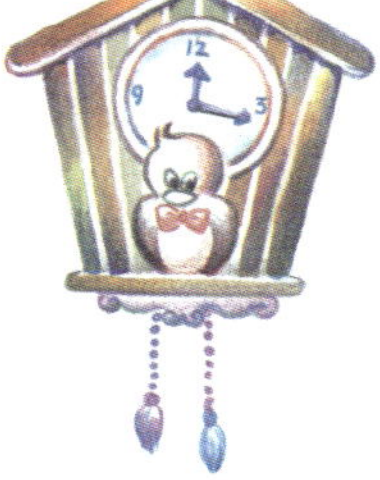

	i	m	e

영어로 써 봐요

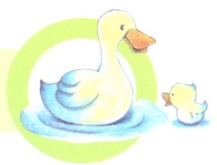

빈칸에 알맞은 철자를 넣어 단어를 완성해 보세요.

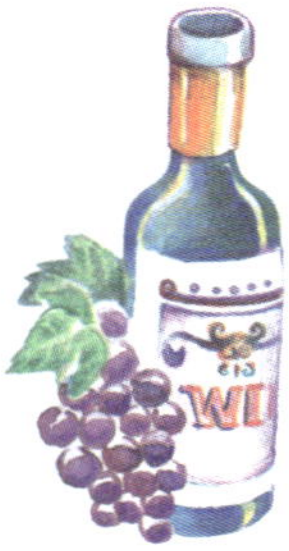

w	i		e

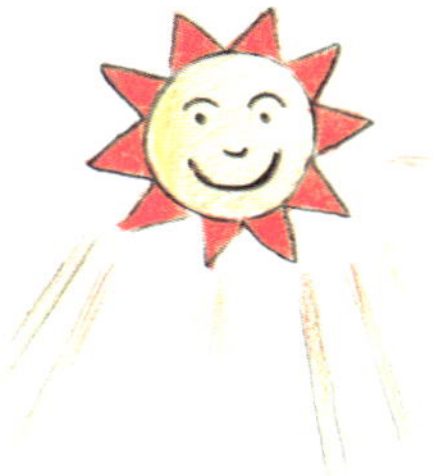

s		i		e

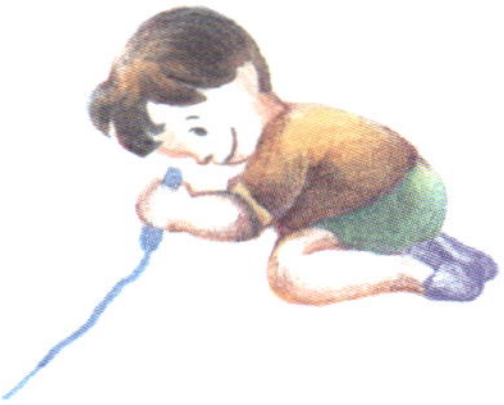

	i	n	e

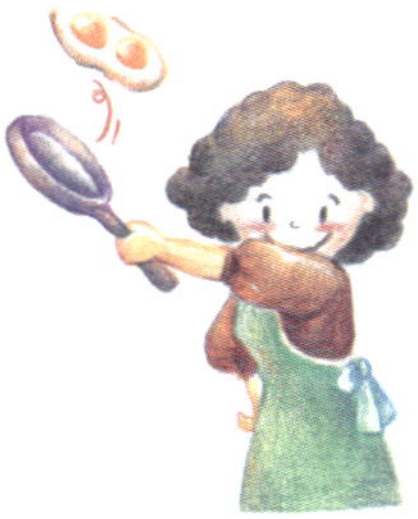

	i		e

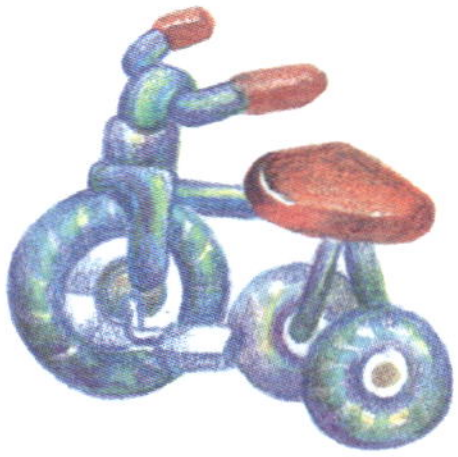

	i		e

다른 단어로 복습해요!

A. 다음 단어를 읽어 보세요!

번호	단 어	발음 구성
1	like	l(을ㄹ)+i(아이)+k(ㅋ)+e(x)
2	vine	v(ㅂ)+i(아이)+n(ㄴ)+e(x)
3	fine	f(ㅍ)+i(아이)+n(ㄴ)+e(x)
4	stripe	st(스ㄸ)+r(우ㄹ)+i(아이)+p(ㅍ)+e(x)
5	quite	qu(쿠우)+i(아이)+t(ㅌ)+e(x)

번호	단 어	좋은 발음	나쁜 발음	의 미
1	like	(을)라잌	라잌	좋아하다
2	vine	바인	바인	포도덩굴
3	fine	파인	파인	화창한, 멋진
4	stripe	스뜨라잎	스트라잎	줄무늬
5	quite	콰잍	콰잍	아주, 꽤

B. 다음 빈칸을 알맞은 말을 써 넣으세요!

번호	단 어	발음 구성	좋은 발음
1	like	l(　)+i(　)+k(　)+e(　)	
2	vine	v(　)+i(　)+n(　)+e(　)	
3	fine	f(　)+i(　)+n(　)+e(　)	
4	stripe	st(　)+r(　)+ i(　)+p(　)+e(　)	
5	quite	qu(　)+i(　)+t(　)+e(　)	

3·4과 복습

그림을 보고 아래 문장과 의미가 같은 번호를 찾아 ☐ 에 써 보세요.

1. He likes a big kite.   2. He wins a game.

3. The wife has a fine wig.

4. A fish is on a pine tree.

그림을 보고 아래 문장과 의미가 같은 번호를 찾아 ☐ 에 써 보세요.

5. They mix rice in milk.

6. They hit a wine on a bike.

7. Big bees sting ill kids.

8. The pigs with wings shine on a big dish.

[ɑ, 아]로 발음되는 o

b o x →
(ㅂ) (아) (크스)

1. 박스 (좋은 발음)
2. 박스 (나쁜 발음)

h o t →
(ㅎ) (아) (ㅌ)

1. 핱 (좋은 발음)
2. 하트 (나쁜 발음)

p o t →
(ㅍ) (아) (ㅌ)

1. 팥 (좋은 발음)
2. 파트 (나쁜 발음)

t o p →
(ㅌ) (아) (ㅍ)

1. 탚 (좋은 발음)
2. 타프 (나쁜 발음)

d o l l →
(ㄷ) (아) (ㄹㄹ) (×)

1. 달ㄹ (좋은 발음)
2. 달르 (나쁜 발음)

다음 ( )와 1에 알맞은 우리말을 써 넣어 보세요.

b o x → 1.   (좋은 발음)
( ) ( ) ( )

h o t → 1.   (좋은 발음)
( ) ( ) ( )

p o t → 1.   (좋은 발음)
( ) ( ) ( )

t o p → 1.   (좋은 발음)
( ) ( ) ( )

d o l l → 1.   (좋은 발음)
( ) ( ) ( ) ( )

d r o p → 1. 드(우)랖　(좋은 발음)

(ㄷ) (우ㄹ) (아) (ㅍ)　2. 드(우)라프 (나쁜 발음)

★자음은 단독일 때나, 뒤에 자음이 올 경우 'ㅡ'와 결합하여 발음한다. d(ㄷ) + r(ㄹ) : 드르

p o n d → 1. 판드　(좋은 발음)

(ㅍ) (아) (ㄴ) (ㄷ)　2. 판드　(나쁜 발음)

r o c k → 1. (우)락　(좋은 발음)

(우ㄹ) (아) (ㅋ)　2. (우)라크 (나쁜 발음)

s o c k s → 1. 쌐스　(좋은 발음)

(ㅆ) (아) (ㅋ) (ㅅ)　2. 쌐스　(나쁜 발음)

★s는 단어의 첫 글자로 모음 앞에 올 때 'ㅅ'이 아니라 'ㅆ'으로 발음한다.

G o d → 1. 갇　(좋은 발음)

(ㄱ) (아) (ㄷ)　2. 가드　(나쁜 발음)

우리말로 써 봐요

다음 ( )와 1에 알맞은 우리말을 써 넣어 보세요.

d r o p → 1.   (좋은 발음)
(　)(　)(　)(　)

p o n d → 1.   (좋은 발음)
(　)(　)(　)(　)

r o c k → 1.   (좋은 발음)
(　)(　)　(　)

s o c k s → 1.   (좋은 발음)
(　)(　)(　)(　)

G o d → 1.   (좋은 발음)
(　)　(　)　(　)

생각해 봐요

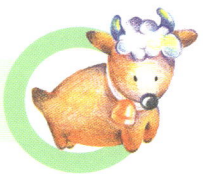

다음 단어를 읽고 영어 단어의 뜻이 무엇인지 말해 보세요.

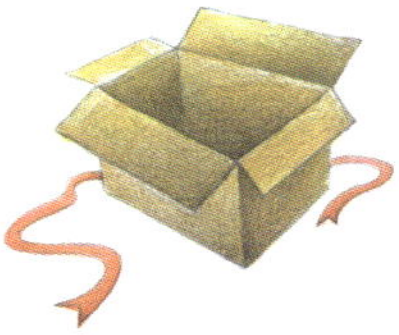
box

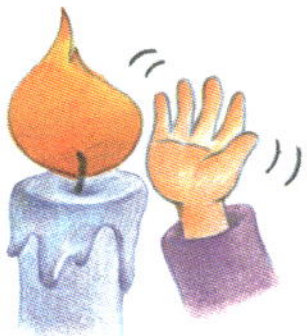
hot

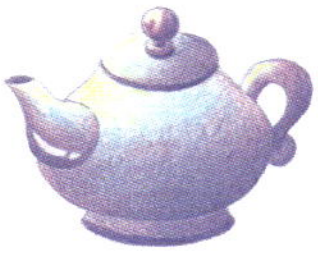
pot

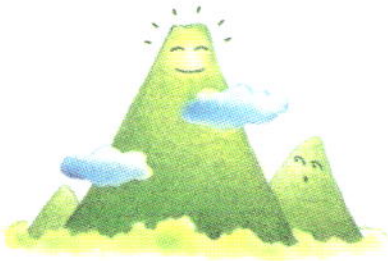
top

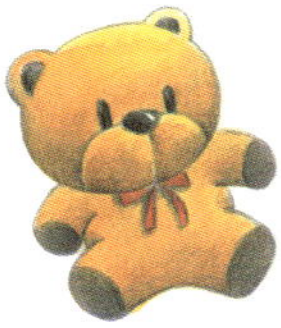
doll

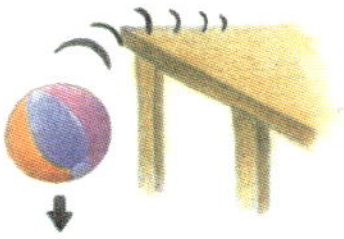
drop

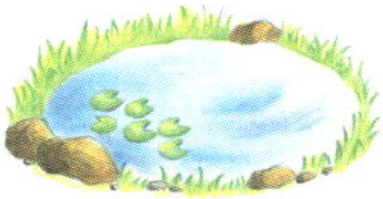
pond

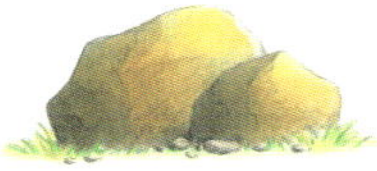
rock

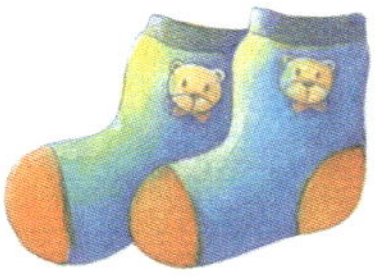
socks

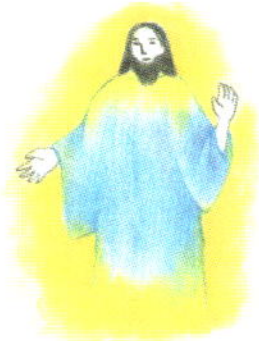
God

동그라미를 그려 봐요

아래 표에서 영어 단어를 찾아 ○로 표시해 보세요.

(순서는 앞에서 뒤로, 뒤에서 앞으로, 위에서 아래르, 아래에서 위로 여러 방향임)

box	hot	pot	top	doll
drop	pond	rock	socks	God

P	D	W	Q	D	O	L	L	Z	X
B	O	X	O	P	R	T	H	G	W
N	G	T	B	R	N	O	M	E	W
P	Q	X	H	O	T	P	P	Z	W
J	Y	G	L	C	F	F	O	X	H
S	S	O	C	K	S	K	N	F	R
E	I	D	I	R	T	G	D	J	K
G	E	H	S	T	O	P	J	H	G
X	X	X	X	X	X	X	X	X	X

(이 부분은 대문자와 소문자를 같이 공부하는 부분입니다.)

그림과 같은 뜻의 영어 단어를 연결해 보세요.

•   • hot

•   • top

•   • pot

•   • box

•   • doll

줄을 그어 봐요

그림과 같은 뜻의 영어 단어를 연결해 보세요.

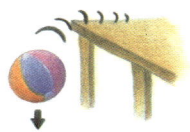 •   • pond

 •   • drop

 •   • rock

 •   • God

 •   • socks

무엇일까요?

그림을 보고 아래 문장과 의미가 같은 번호를 찾아 □ 에 써 보세요.

1. a doll on a box
2. rocks in a pond
3. a hot pot on top
4. God drops socks.

우리말과 같은 뜻의 영어 단어를 찾아 연결해 보세요.

1. 인형 • • **box**

2. 꼭대기, 정상 • • **hot**

3. 단지, 냄비 • • **pot**

4. 뜨거운 • • **top**

5. 상자 • • **doll**

우리말과 같은 뜻의 영어 단어를 찾아 연결해 보세요.

6. 바위 •   • **drop**

7. 신, 하느님 •   • **pond**

8. ~을 떨어
   뜨리다 •   • **rock**

9. 양말 •   • **socks**

10. 연못 •   • **God**

영어로 써 봐요

빈칸에 알맞은 철자를 넣어 단어를 완성해 보세요.

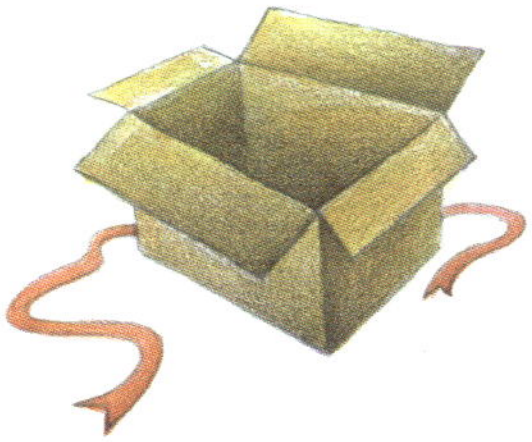

	o	x

	o	t

	o	t

t	o	

o	l	l

영어로 써 봐요

빈칸에 알맞은 철자를 넣어 단어를 완성해 보세요.

	r	o	p

	o	n	

	o	c	

	o	k	s

	o	

다른 단어로 복습해요!

A. 다음 단어를 읽어 보세요!

번호	단 어	발음 구성
1	mop	m(ㅁ)+o(아)+p(ㅍ)
2	rod	r(우ㄹ)+o(아)+d(ㄷ)
3	shop	sh(쉬)+o(아)+p(ㅍ)
4	stop	st(쓰ㄸ)+o(아)+p(ㅍ)
5	clock	c(ㅋ)+l(ㄹㄹ)+o(아)+ck(ㅋ)

번호	단 어	좋은 발음	나쁜 발음	의 미
1	mop	맒	마프	자루걸레
2	rod	(우)랃	(우)라드	막대기
3	shop	샾	샤프	가게
4	stop	ㅅ땁	스따프	중지하다
5	clock	클락	클락	탁상시계, 벽시계

B. 다음 빈칸을 알맞은 말을 써 넣으세요!

번호	단 어	발음 구성	좋은 발음
1	mop	m( )+o( )+p( )	
2	rod	r( )+o( )+d( )	
3	shop	sh( )+o( )+p( )	
4	stop	st( )+o( )+p( )	
5	clock	c( )+l( )+o( )+ck( )	

[자음+o+자음+e]
(오우)   (e는 발음이 나지 않음)

b o n e →
(ㅂ) (오우) (ㄴ) (×)

1. 보운   (좋은 발음)
2. 보운   (나쁜 발음)

st o n e →
(스ㅍ) (오우) (ㄴ) (×)

1. 스또운   (좋은 발음)
2. 스또운   (나쁜 발음)

★변형발음 st는 '스ㅌ'가 아니라 '스ㅍ'로 발음한다.

r o b e →
(우ㄹ) (오우) (ㅂ) (×)

1. (우)로웁   (좋은 발음)
2. (우)로웁   (나쁜 발음)

p o l e →
(ㅍ) (오우) (ㄹㄹ) (×)

1. 포울ㄹ   (좋은 발음)
2. 포울ㄹ   (나쁜 발음)

m o l e →
(ㅁ) (오우) (ㄹㄹ) (×)

1. 모울ㄹ   (좋은 발음)
2. 모울ㄹ   (나쁜 발음)

우리말로 써 봐요

다음 ( )와 1에 알맞은 우리말을 써 넣어 보세요.

b o n e → 1.   (좋은 발음)
( ) ( ) ( ) ( )

s t o n e → 1.   (좋은 발음)
( ) ( ) ( ) ( )

r o b e → 1.   (좋은 발음)
( ) ( ) ( ) ( )

p o l e → 1.   (좋은 발음)
( ) ( ) ( ) ( )

m o l e → 1.   (좋은 발음)
( ) ( ) ( ) ( )

r o p e →   1.(우)로웊   (좋은 발음)
(우ㄹ) (오우) (ㅍ) (×)   2.(우)로웊   (나쁜 발음)

h o l e →   1.호울ㄹ   (좋은 발음)
(ㅎ) (오우) (ㄹㄹ) (×)   2.호울ㄹ   (나쁜 발음)

n o s e →   1.노웃   (나쁜 발음)
(ㄴ) (오우) (ㅈ) (×)   2.노우즈   (좋은 발음)
    3.노우즈   (나쁜 발음)

★ 's' 는 단어의 끝에 올 때 반드시 '스' 혹은 '즈' 로 발음해야 한다.
　그래서 '노웃' 이 아니라 '노우즈' 로 발음해야 한다.

smoke →   1.스모욱   (좋은 발음)
(ㅅ) (ㅁ) (오우)(ㅋ) (×)   2.스모욱   (나쁜 발음)

c o n e →   1.코운   (좋은 발음)
(ㅋ) (오우) (ㄴ) (×)   2.코운   (나쁜 발음)

다음 ( )와 1에 알맞은 우리말을 써 넣어 보세요.

r o p e ➔ 1.   (좋은 발음)
( ) ( ) ( ) ( )

h o l e ➔ 1.   (좋은 발음)
( ) ( ) ( ) ( )

n o s e ➔ 1.   (좋은 발음)
( ) ( ) ( ) ( )

smoke ➔ 1.   (좋은 발음)
( )( ) ( )( ) ( )

cone ➔ 1.   (좋은 발음)
( )( ) ( ) ( )

생각해 봐요

다음 단어를 읽고 영어 단어의 뜻이 무엇인지 말해 보세요.

bone　　**stone**　　**robe**　　**pole**

  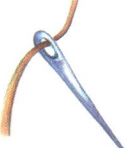 

mole　　**rope**　　**hole**　　**nose**

smoke　　**cone**

동그라미를 그려 봐요

아래 표에서 영어 단어를 찾아 ○로 표시해 보세요.

(순서는 앞에서 뒤로, 뒤에서 앞으로, 위에서 아래로, 아래에서 위로 여러 방향임)

bone	stone	robe	pole	mole
rope	hole	nose	smoke	cone

S	Q	W	E	R	H	S	Y	U	I
A	M	B	S	N	O	T	E	D	R
Z	X	O	C	V	P	O	B	O	N
Q	W	N	K	E	E	N	B	R	T
A	Q	E	F	E	T	E	S	O	N
W	M	S	C	F	T	P	H	K	J
P	O	L	E	U	H	R	O	P	E
R	L	F	V	Q	W	E	L	L	J
H	E	F	C	O	N	E	E	X	X

(이 부분은 대문자와 소문자를 같이 공부하는 부분입니다.)

116

그림과 같은 뜻의 영어 단어를 연결해 보세요.

 •   • **stone**

 •   • **robe**

 •   • **pole**

 •   • **mole**

 •   • **bone**

줄을 그어 봐요

그림과 같은 뜻의 영어 단어를 연결해 보세요.

   •   • **rope**

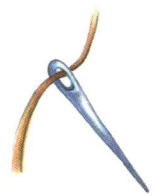   •   • **cone**

   •   • **smoke**

   •   • **hole**

   •   • **nose**

무엇일까요?

그림을 보고 아래 문장과 의미가 같은 번호를 찾아 ☐ 에 써 보세요.

1. a bone by a pole   2. a mole in a hole

3. a cone and a rope   4. smoke from a stone

줄을 그어 봐요

우리말과 같은 뜻의 영어 단어를 찾아 연결해 보세요.

1. 길고 헐렁한   •   • **bone**
   겉옷

2. 뼈, 뼈다귀   •   • **stone**

3. 두더지   •   • **robe**

4. 돌, 돌멩이   •   • **pole**

5. 장대, 막대기 •   • **mole**

우리말과 같은 뜻의 영어 단어를 찾아 연결해 보세요.

6. 연기 • • rope

7. 새끼, 밧줄 • • hole

8. 원뿔 • • nose

9. 코 • • smoke

10. 구멍, 구덩이 • • cone

영어로 써 봐요

빈칸에 알맞은 철자를 넣어 단어를 완성해 보세요.

	o	n	e

	t	o	n	e

r	o		e

	o	l	e

	o	l	e

영어로 써 봐요

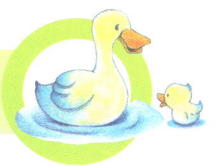

빈칸에 알맞은 철자를 넣어 단어를 완성해 보세요.

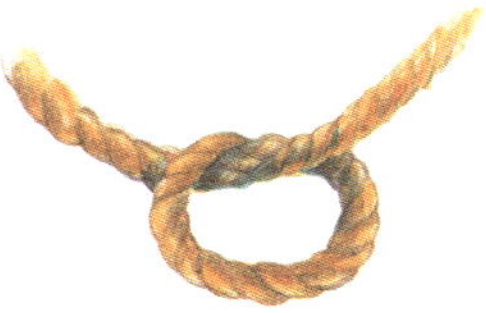

	o		e

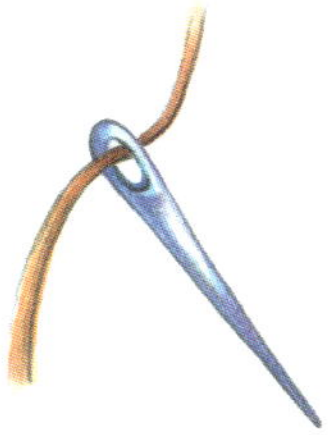

	o		e

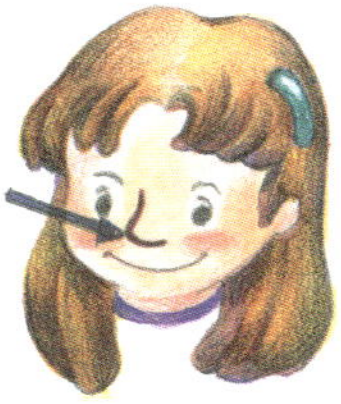

	o		e

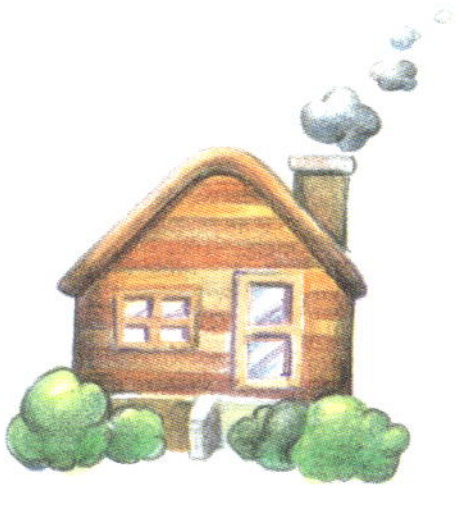

		o	k	e

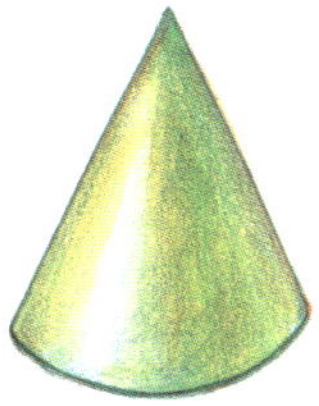

	o		e

다른 단어로 복습해요!

A. 다음 단어를 읽어 보세요!

번호	단 어	발음 구성
1	hope	h(ㅎ)+o(오우)+p(ㅍ)+e(x)
2	zone	z(ㅈ)+o(오우)+n(ㄴ)+e(x)
3	phone	ph(ㅍ)+o(오우)+n(ㄴ)+e(x)
4	globe	g(ㄱ)+l(ㄹㄹ)+o(오우)+b(ㅂ)+e(x)
5	slope	s(ㅅ)+l(ㄹㄹ)+o(오우)+p(ㅍ)+e(x)

번호	단 어	좋은 발음	나쁜 발음	의 미
1	hope	호웊	호읖	희망
2	zone	조운	조운	지역, 지대
3	phone	포운	포운	전화
4	globe	글로웊	글로읍	지구, 세계
5	slope	슬로웊	슬로읍	스키장, 비탈길

B. 다음 빈칸을 알맞은 말을 써 넣으세요!

번호	단 어	발음 구성	좋은 발음
1	hope	h( )+o( )+p( )+e( )	
2	zone	z( )+o( )+n( )+e( )	
3	phone	ph( )+o( )+n( )+e( )	
4	globe	g( )+l( )+o( )+b( )+e( )	
5	slope	s( )+l( )+o( )+p( )+e( )	

그림을 보고 아래 문장과 의미가 같은 번호를 찾아 ☐ 에 써 보세요.

1. I rode a mop.

2. They drop stones in the pond.

3. hot smoke from a mole's hole

4. hope for a doll

125

그림을 보고 아래 문장과 의미가 같은 번호를 찾아 ☐ 에
써 보세요.

5. socks on a slope zone

6. a phone on a globe

7. clocks in a shop

8. moles in a rope

c u p → 1.컾 (좋은 발음)
(ㅋ) (어) (ㅍ) 2.커프 (나쁜 발음)

g u n → 1.건 (좋은 발음)
(ㄱ) (어) (ㄴ) 2.거느 (나쁜 발음)

h u g → 1.헉 (좋은 발음)
(ㅎ) (어) (ㄱ) 2.허그 (나쁜 발음)

h u t → 1.헡 (좋은 발음)
(ㅎ) (어) (ㅌ) 2.허트 (나쁜 발음)

s u n → 1.썬 (좋은 발음)
(ㅆ) (어) (ㄴ) 2.써느 (나쁜 발음)

우리말로 써 봐요

다음 ( )와 1에 알맞은 우리말을 써 넣어 보세요.

c u p ➤ 1.   (좋은 발음)
( )   ( )   ( )

g u n ➤ 1.   (좋은 발음)
( )   ( )   ( )

h u g ➤ 1.   (좋은 발음)
( )   ( )   ( )

h u t ➤ 1.   (좋은 발음)
( )   ( )   ( )

s u n ➤ 1.   (좋은 발음)
( )   ( )   ( )

r u n → 1.(우)런　　　(좋은 발음)
　　　　　　　 2.(우)러느　　(나쁜 발음)

(우ㄹ)　(어)　(ㄴ)

d u c k → 1.덕　　　　(좋은 발음)
　　　　　　　 2.더크　　　(나쁜 발음)

(ㄷ)　(어)　(ㅋ)

d r u m → 1.드(우)럼　　(좋은 발음)
　　　　　　　 2.드(우)럼　　(나쁜 발음)

(ㄷ) (우ㄹ) (어) (ㅁ)

★자음은 단독일 때나, 뒤에 자음이 올 경우 ‘ㅡ’와 결합하여 발음한다. d(ㄷ) + r(ㄹ) : 드르

h u n t → 1.헌트　　　(좋은 발음)
　　　　　　　 2.헌트　　　(나쁜 발음)

(ㅎ)　(어)　(ㄴ)　(ㅌ)

t r u c k → 1.츄럭　　　(좋은 발음)
　　　　　　　　2.츄럭　　　(나쁜 발음)

(츄ㄹ)　(어)　(ㅋ)

★변형발음 tr은 ‘트ㄹ’가 아니라 ‘츄ㄹ’로 발음한다.

129

다음 ( )와 1에 알맞은 우리말을 써 넣어 보세요.

r u n → 1.   (좋은 발음)
( )   ( )   ( )

d u c k → 1.   (좋은 발음)
( ) ( ) (   )

d r u m → 1.   (좋은 발음)
( )( )( )( )

h u n t → 1.   (좋은 발음)
( ) ( ) ( ) ( )

t r u c k → 1.   (좋은 발음)
( ) ( ) (   )

다음 단어를 읽고 영어 단어의 뜻이 무엇인지 말해 보세요.

cup　　**gun**　　**hug**　　**hut**

sun　　**run**　　**duck**　　**drum**

hunt　　**truck**

동그라미를 그려 봐요

아래 표에서 영어 단어를 찾아 ○로 표시해 보세요.

(순서는 앞에서 뒤로, 뒤에서 앞으로, 위에서 아래로, 아래에서 위로 여러 방향임)

cup	gun	hug	hut	sun
run	duck	drum	hunt	truck

Z	D	H	X	V	B	N	H	M	J
T	R	U	C	K	X	S	U	N	X
X	U	N	Q	E	R	T	T	Y	U
X	M	T	X	H	Q	S	D	N	B
Q	S	D	W	E	U	R	U	V	R
R	W	S	D	C	F	G	T	R	W
D	U	C	K	T	R	E	W	C	X
E	F	N	S	R	Y	H	C	U	P
T	G	F	D	G	U	M	X	T	X

(이 부분은 대문자와 소문자를 같이 공부하는 부분입니다.)

그림과 같은 뜻의 영어 단어를 연결해 보세요.

•   • **gun**

•   • **cup**

•   • **hut**

•   • **sun**

•   • **hug**

줄을 그어 봐요

그림과 같은 뜻의 영어 단어를 연결해 보세요.

   •   • run

   •   • hunt

   •   • truck

   •   • duck

   •   • drum

무엇일까요?

그림을 보고 아래 문장과 의미가 같은 번호를 찾아 ☐에 써 보세요.

1. a gun on a cup　　2. the sun over a hut

3. A duck and a truck run.

4. Hug a drum.

우리말과 같은 뜻의 영어 단어를 찾아 연결해 보세요.

1. 오두막집　　•　　　　　•**cup**

2. 태양　　　　•　　　　　•**gun**

3. 껴안다　　　•　　　　　•**hug**

4. 총　　　　　•　　　　　•**hut**

5. 컵　　　　　•　　　　　•**sun**

우리말과 같은 뜻의 영어 단어를 찾아 연결해 보세요.

6. 사냥하다 •   • **run**

7. 오리 •   • **duck**

8. 트럭 •   • **drum**

9. 달리다 •   • **hunt**

10. 북 •   • **truck**

영어로 써 봐요

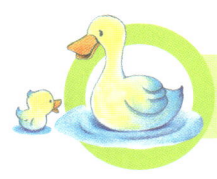

빈칸에 알맞은 철자를 넣어 단어를 완성해 보세요.

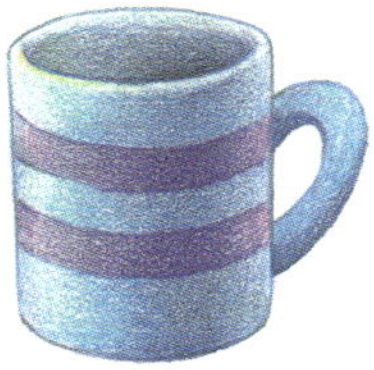

	u	p

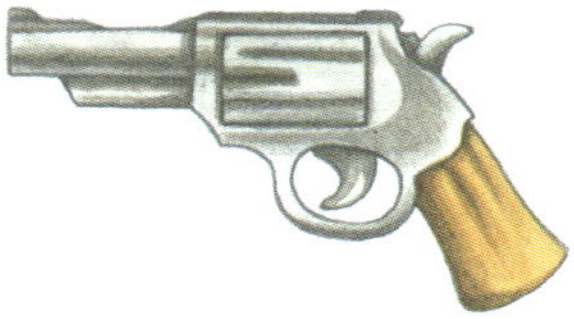

g	u	

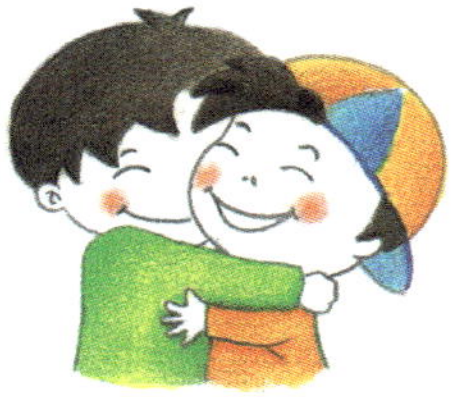

	u	g

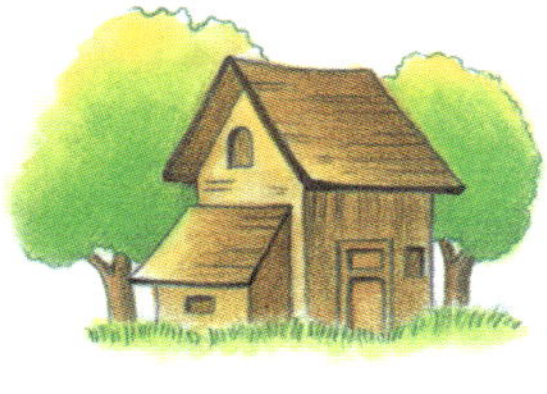

	u	t

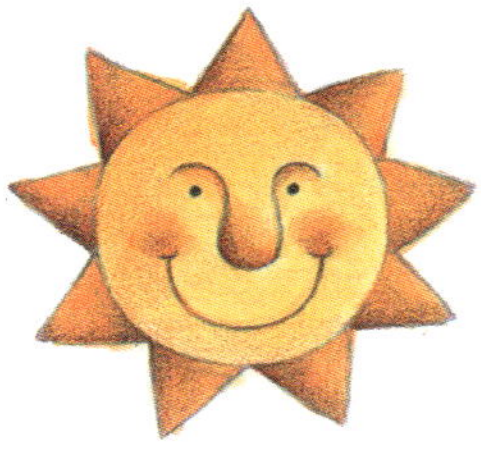

	u	n

영어로 써 봐요

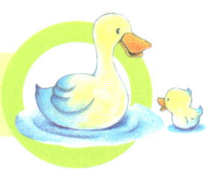

빈칸에 알맞은 철자를 넣어 단어를 완성해 보세요.

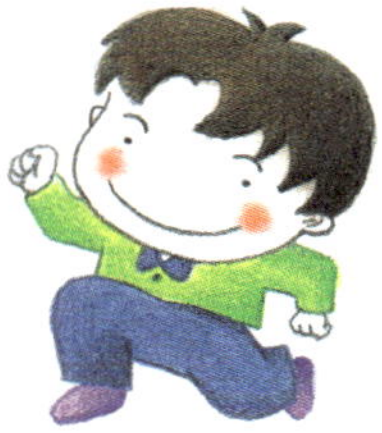

	u	

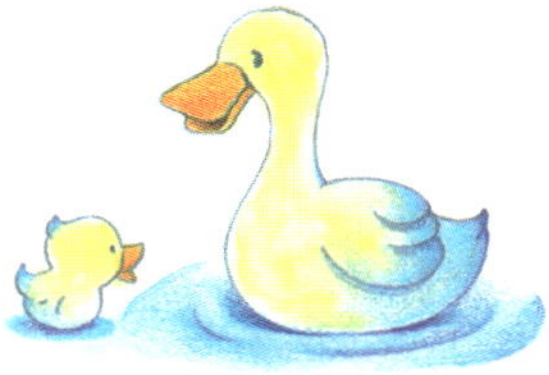

	u	c	

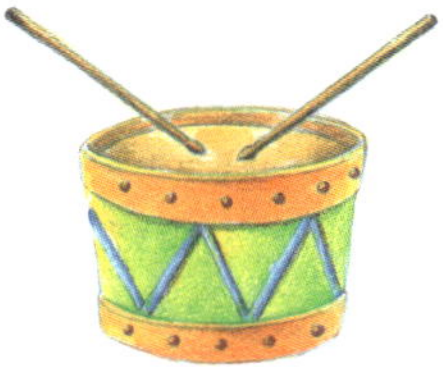

	r	u	

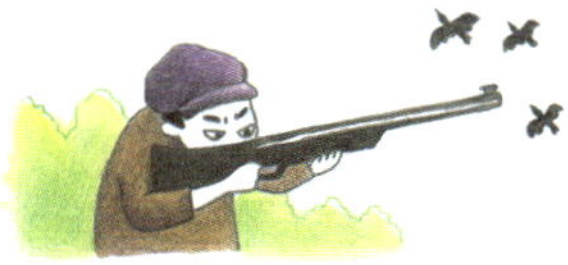

	u	n	

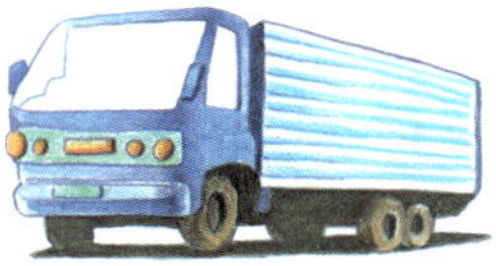

	r	u		k

다른 단어로 복습해요!

A. 다음 단어를 읽어 보세요!

번호	단 어	발음 구성
1	bug	b(ㅂ)+u(어)+g(ㄱ)
2	rub	r(우ㄹ)+u(어)+b(ㅂ)
3	bus	b(ㅂ)+u(어)+s(ㅅ)
4	hump	h(ㅎ)+u(어)+m(ㅁ)+p(ㅍ)
5	lunch	l(을ㄹ)+u(어)+n(ㄴ)+ch(취)

번호	단 어	좋은 발음	나쁜 발음	의 미
1	bug	벅	버그	벌레
2	rub	(우)럽	(우)러브	비비다
3	bus	버ㅅ	벗, 버스	버스
4	hump	험ㅍ	험프	낙타의 혹
5	lunch	(을)런취	(을)런취	점심

B. 다음 빈칸을 알맞은 말을 써 넣으세요!

번호	단 어	발음 구성	좋은 발음
1	bug	b( )+u( )+g( )	
2	rub	r( )+u( )+b( )	
3	bus	b( )+u( )+s( )	
4	hump	h( )+u( )+m( )+p( )	
5	lunch	l( )+u( )+n( )+ch( )	

h u g e → 1.휴우쥐   (좋은 발음)
(ㅎ) (유우) (쥐) (×)   2.휴우쥐   (나쁜 발음)

★ 'g' 다음에 'e, i, y'가 올 때는 'ㄱ'이 아니라 주로 '쥐'로 발음한다.

c u b e → 1.큐웁   (좋은 발음)
(ㅋ) (유우) (ㅂ) (×)   2.큐웁   (나쁜 발음)

t u b e → 1.튜웁   (좋은 발음)
(ㅌ) (유우) (ㅂ) (×)   2.튜웁   (나쁜 발음)

t u n e → 1.튜운   (좋은 발음)
(ㅌ) (유우) (ㄴ) (×)   2.튜운   (나쁜 발음)

c u t e → 1.큐웉   (좋은 발음)
(ㅋ) (유우) (ㅌ) (×)   2.큐웉   (나쁜 발음)

우리말로 써 봐요

다음 ( )와 1에 알맞은 우리말을 써 넣어 보세요.

h u g e → 1.   (좋은 발음)
( ) ( ) ( ) ( )

c u b e → 1.   (좋은 발음)
( ) ( ) ( ) ( )

t u b e → 1.   (좋은 발음)
( ) ( ) ( ) ( )

t u n e → 1.   (좋은 발음)
( ) ( ) ( ) ( )

c u t e → 1.   (좋은 발음)
( ) ( ) ( ) ( )

f u m e → 1. 퓨움   (좋은 발음)
(ㅍ)(유우) (ㅁ) (×)   2. 퓨움   (나쁜 발음)

u s e → 1. 유웆   (나쁜 발음)
(유우)   (ㅈ) (×)   2. 유우즈   (좋은 발음)
                          3. 유우즈   (나쁜 발음)

★ 's'는 단어의 끝에 올 때 반드시 '스' 혹은 '즈'로 발음해야 한다.
　그래서 '유웆'이 아니라 '유우즈'로 발음해야 한다.

m u l e → 1. 뮤울르   (좋은 발음)
(ㅁ)   (유우)(ㄹㄹ)(×)   2. 뮤울르   (나쁜 발음)

f u s e → 1. 퓨웆   (나쁜 발음)
(ㅍ)(유우) (ㅈ) (×)   2. 퓨우즈   (좋은 발음)
                          3. 퓨우즈   (나쁜 발음)

M u s e → 1. 뮤웆   (나쁜 발음)
(ㅁ) (유우) (ㅈ) (×)   2. 뮤우즈   (좋은 발음)
                          3. 뮤우즈   (나쁜 발음)

다음 ( )와 1에 알맞은 우리말을 써 넣어 보세요.

f u m e → 1.   (좋은 발음)
(   )(   ) (   ) (   )

u s e → 1.   (좋은 발음)
(   )   (   )   (   )

m u l e → 1.   (좋은 발음)
(   ) (   )(   )(   )

f u s e → 1.   (좋은 발음)
(   )(   ) (   ) (   )

M u s e → 1.   (좋은 발음)
(   ) (   )(   )(   )

다음 단어를 읽고 영어 단어의 뜻이 무엇인지 말해 보세요.

huge　　**cube**　　**tube**　　**tune**

cute　　**fume**　　**use**　　**mule**

fuse　　**Muse**

동그라미를 그려 봐요

아래 표에서 영어 단어를 찾아 ○로 표시해 보세요.

(순서는 앞에서 뒤로, 뒤에서 앞으로, 위에서 아래르, 아래에서 위로 여러 방향임)

huge	cube	tube	tune	cute
fume	use	mule	fuse	Muse

T	T	Q	W	W	F	C	H	D	F
X	U	Z	X	C	U	C	U	B	E
X	N	B	X	T	M	W	G	C	F
X	E	X	E	X	E	X	E	R	F
A	S	D	F	G	H	J	K	L	Q
M	Q	S	D	C	G	F	G	Y	M
U	S	E	X	U	X	U	X	U	U
L	W	E	R	F	K	S	S	X	T
E	Z	S	R	G	H	E	J	Q	E

(이 부분은 대문자와 소문자를 같이 공부하는 부분입니다.)

줄을 그어 봐요

그림과 같은 뜻의 영어 단어를 연결해 보세요.

· · tune

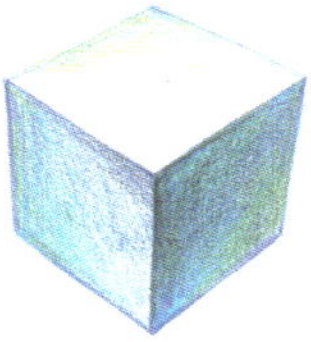

· · huge

· · tube

· · cube

· · cute

줄을 그어 봐요

그림과 같은 뜻의 영어 단어를 연결해 보세요.

 •   • **Muse**

 •   • **mule**

 •   • **use**

 •   • **fume**

 •   • **fuse**

그림을 보고 아래 문장과 의미가 같은 번호를 찾아 □에 써 보세요.

1. a huge tube   2. a cute mule
3. Use the fuse.   4. the tune of the drum

줄을 그어 봐요

우리말과 같은 뜻의 영어 단어를 찾아 연결해 보세요.

1. 정육면체   ●   ● **huge**

2. 곡, 곡조   ●   ● **cube**

3. 귀여운   ●   ● **tube**

4. 튜브   ●   ● **tune**

5. 거대한   ●   ● **cute**

줄을 그어 봐요

우리말과 같은 뜻의 영어 단어를 찾아 연결해 보세요.

6. 노새 •　　　　　• **fume**

7. 증기 •　　　　　• **use**

8. 사용하다 •　　　　　• **mule**

9. 음악의 여신 •　　　　　• **fuse**

10. 도화선,
    퓨즈　•　　　　　• **Muse**

영어로 써 봐요

빈칸에 알맞은 철자를 넣어 단어를 완성해 보세요.

| | u | g | e |

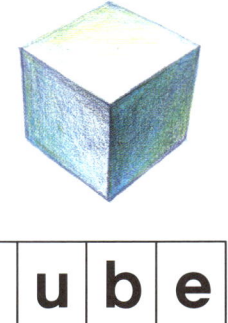

| | u | b | e |

| | u | b | e |

| | u | n | e |

| c | u | | e |

영어로 써 봐요

빈칸에 알맞은 철자를 넣어 단어를 완성해 보세요.

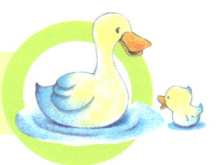

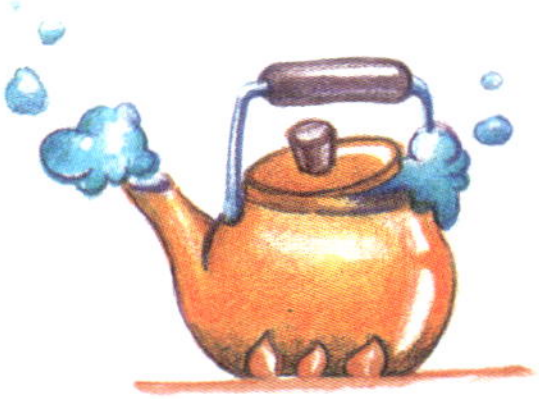

		m	e

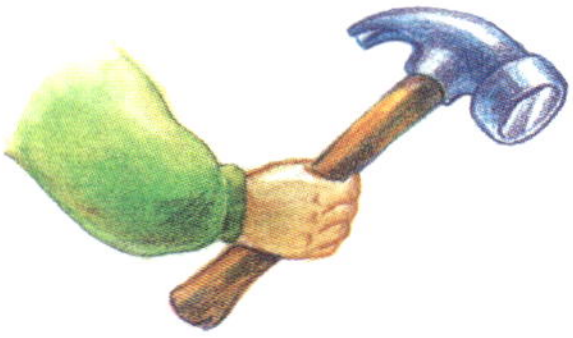

	s	e

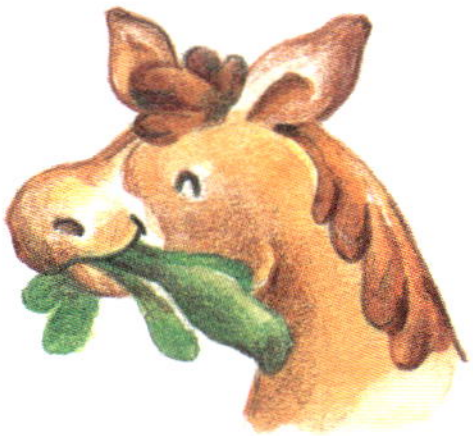

		l	e

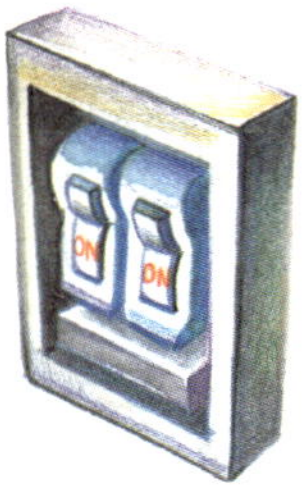

	u		e

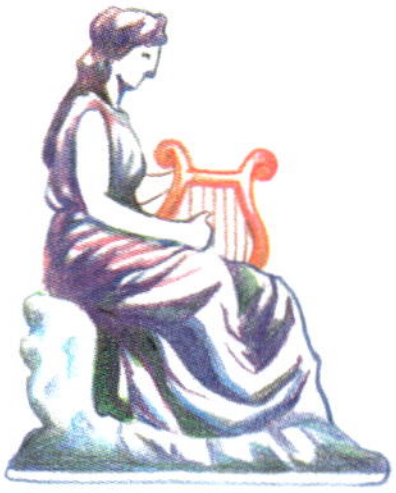

M			e

다른 단어로 복습해요!

A. 다음 단어를 읽어 보세요!

번호	단 어	발음 구성
1	duke	d(ㄷ)+u(유우)+k(ㅋ)+e(x)
2	mute	m(ㅁ)+u(유우)+t(ㅌ)+e(x)
3	nude	n(ㄴ)+u(유우)+d(ㄷ)+e(x)
4	Hume	H(ㅎ)+u(유우)+m(ㅁ)+e(x)

번호	단 어	좋은 발음	나쁜 발음	의 미
1	duke	듀욱	듀욱	공작, 남자이름
2	mute	뮤웉	뮤트, 뮤웉	말이 없는
3	nude	뉴웉	뉴욷	발가벗은
4	Hume	휴움	휴움	흄(철학자)

B. 다음 빈칸을 알맞은 말을 써 넣으세요!

번호	단 어	발음 구성	좋은 발음
1	duke	d(　)+u(　)+k(　)+e(　)	
2	mute	m(　)+u(　)+t(　)+e(　)	
3	nude	n(　)+u(　)+d(　)+e(　)	
4	Hume	H(　)+u(　)+m(　)+e(　)	

그림을 보고 아래 문장과 의미가 같은 번호를 찾아 ☐ 에 써 보세요.

1. Huge ducks run under the sun.

2. A cute Muse hugs a drum.

3. guns in a truck by a hut

4. To run with a mule is fun.

7·8과 복습

그림을 보고 아래 문장과 의미가 같은 번호를 찾아 ☐ 에 써 보세요.

5. mute bugs in a lunch box on a bump

6. Nude ducks run on a bus.

7. Hume rubs a cute mule.

8. Muse uses a drum in a hut.

b e d → 1.벧 (좋은 발음)
(ㅂ) (에) (ㄷ) 2.베드 (나쁜 발음)

h e n → 1.헨 (좋은 발음)
(ㅎ) (에) (ㄴ) 2.헤느 (나쁜 발음)

n e t → 1.넽 (좋은 발음)
(ㄴ) (에) (ㅌ) 2.네트 (나쁜 발음)

p e n → 1.펜 (좋은 발음)
(ㅍ) (에) (ㄴ) 2.페느 (나쁜 발음)

d e s k → 1.데슥 (좋은 발음)
(ㄷ) (에) (ㅅ) (ㅋ) 2.데스크 (좋은 발음)
                    3.데스크 (나쁜 발음)

우리말로 써 봐요

다음 ( )와 1에 알맞은 우리말을 써 넣어 보세요.

b e d →   1.   (좋은 발음)
( ) ( ) ( )

h e n →   1.   (좋은 발음)
( ) ( ) ( )

n e t →   1.   (좋은 발음)
( ) ( ) ( )

p e n →   1.   (좋은 발음)
( ) ( ) ( )

d e s k →   1.   (좋은 발음)
         2.   (좋은 발음)
( ) ( ) ( ) ( )

158

j e t → 1.젵 (좋은 발음)
(ㅈ) (에) (ㅌ) 2.제트 (나쁜 발음)

t e n t → 1.텐ㅌ (좋은 발음)
(ㅌ) (에) (ㄴ) (ㅌ) 2.텐트 (나쁜 발음)

b e n ch → 1.벤취 (좋은 발음)
(ㅂ) (에) (ㄴ) (취) 2.벤취 (나쁜 발음)

sh e l f → 1.쉬엘ㄹ프→쉘ㄹㅍ (좋은 발음)
(쉬) (에) (ㄹㄹ)(ㅍ) 2.쉬엘ㄹ프→쉘ㄹ프 (나쁜 발음)

sh e l l → 1.쉬엘ㄹ→쉘ㄹ (좋은 발음)
(쉬) (에) (ㄹㄹ)(×) 2.쉬엘르→쉘르 (나쁜 발음)

다음 ( )와 1에 알맞은 우리말을 써 넣어 보세요.

j e t → 1.   (좋은 발음)
( )   ( )   ( )

t e n t → 1.   (좋은 발음)
( ) ( ) ( ) ( )

bench → 1.   (좋은 발음)
( )( )( ) ( )

sh e l f → 1.   (좋은 발음)
( )   ( )( )( )

sh e l l → 1.   (좋은 발음)
( )   ( )( )( )

생각해 봐요

다음 단어를 읽고 영어 단어의 뜻이 무엇인지 말해 보세요.

bed **hen** **net** **pen**

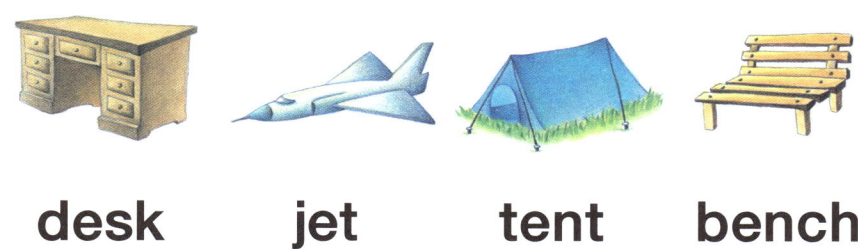

desk **jet** **tent** **bench**

shelf **shell**

동그라미를 그려 봐요

아래 표에서 영어 단어를 찾아 ○로 표시해 보세요.
(순서는 앞에서 뒤로, 뒤에서 앞으로, 위에서 아래로, 아래에서 위로 여러 방향임)

bed	hen	net	pen	desk
jet	tent	bench	shelf	shell

B	Z	N	X	N	A	Q	Q	L	W
Q	E	R	T	Y	E	X	H	E	N
P	X	D	X	S	X	T	X	G	X
S	D	F	S	H	E	L	L	X	X
X	B	R	X	E	N	M	N	T	H
D	E	S	K	L	X	T	X	C	X
X	L	E	X	F	E	D	N	X	X
X	L	L	G	W	R	E	X	E	X
J	E	T	Y	X	B	H	R	W	T

(이 부분은 대문자와 소문자를 같이 공부하는 부분입니다.)

162

줄을 그어 봐요

그림과 같은 뜻의 영어 단어를 연결해 보세요.

- net

- bed

- hen

- desk

- pen

줄을 그어 봐요

그림과 같은 뜻의 영어 단어를 연결해 보세요.

   •   • jet

   •   • bench

   •   • shell

   •   • tent

   •   • shelf

무엇일까요?

그림을 보고 아래 문장과 의미가 같은 번호를 찾아 □ 에 써 보세요.

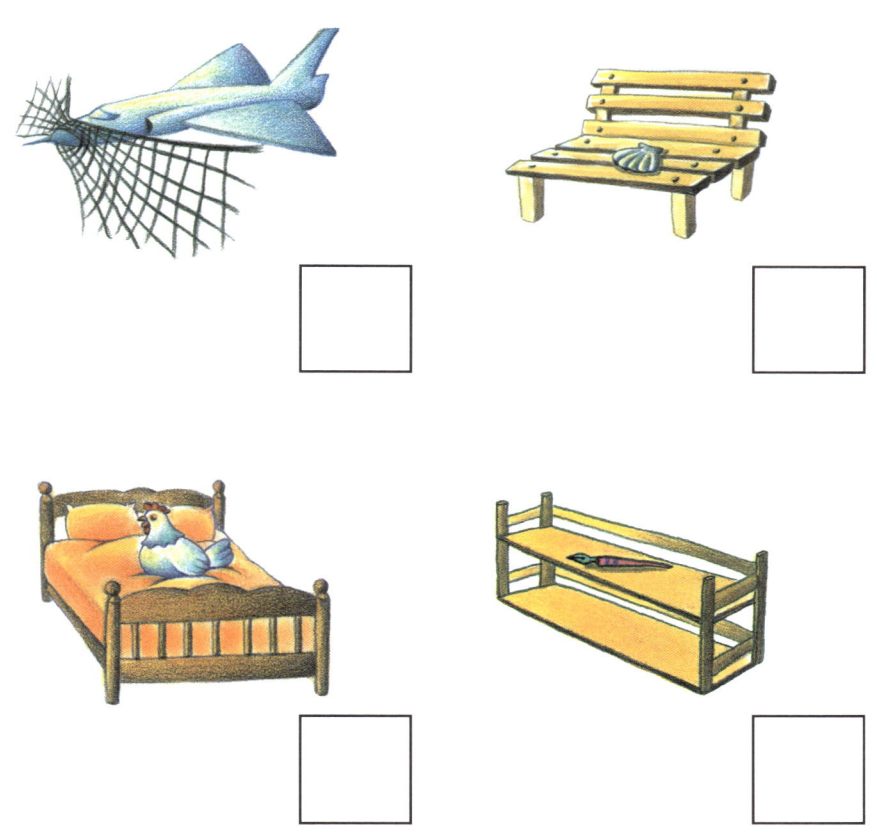

1. a hen on a bed   2. a pen on a shelf

3. a shell on a bench 4. a jet in a net

줄을 그어 봐요

우리말과 같은 뜻의 영어 단어를 찾아 연결해 보세요.

1. 침대   •   • **bed**

2. 펜   •   • **hen**

3. 책상   •   • **net**

4. 암탉   •   • **pen**

5. 그물   •   • **desk**

우리말과 같은 뜻의 영어 단어를 찾아 연결해 보세요.

6. 조개 껍질 •   • jet

7. 선반 •   • tent

8. 텐트 •   • bench

9. 긴 의자 •   • shelf

10. 제트비행기 •   • shell

영어로 써 봐요

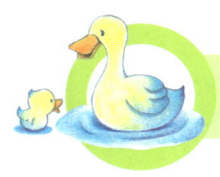

빈칸에 알맞은 철자를 넣어 단어를 완성해 보세요.

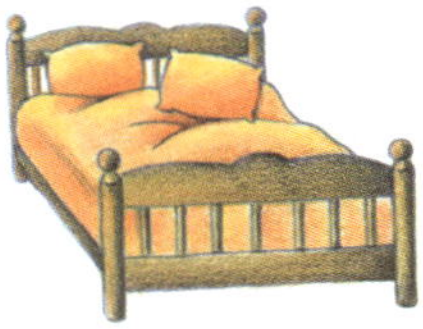

	e	d

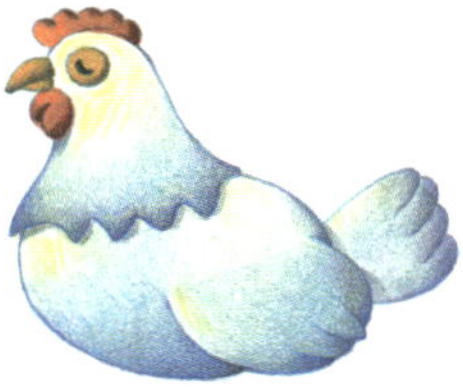

	e	n

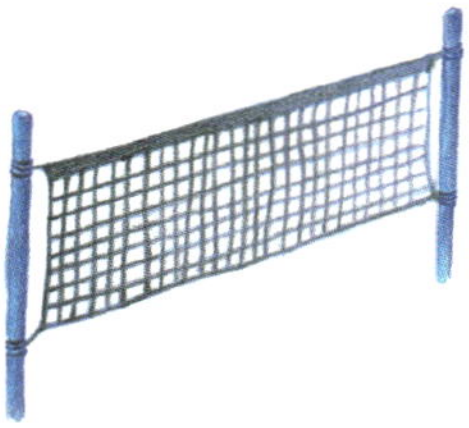

n	e	

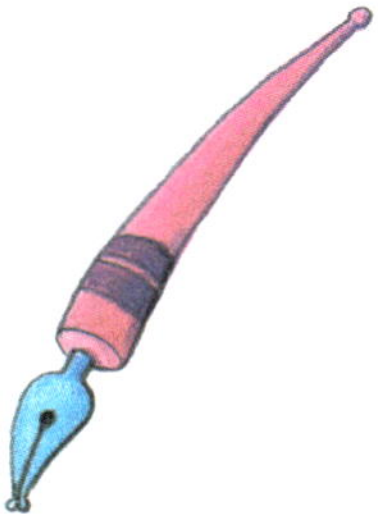

	e	n

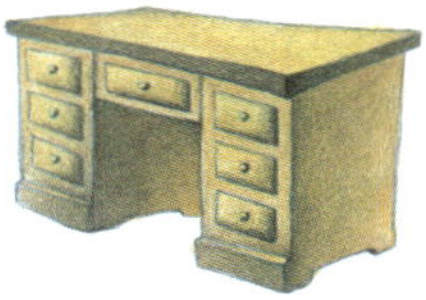

	e	s	

빈칸에 알맞은 철자를 넣어 단어를 완성해 보세요.

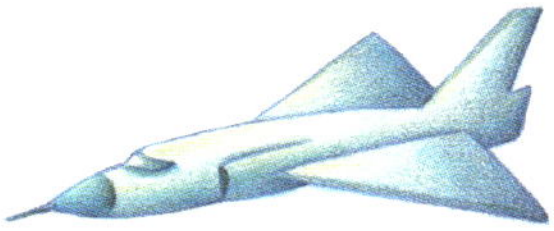

| | e | |

| | e | n | |

| b | e | n | | |

| | e | l | f |

| | e | l | l |

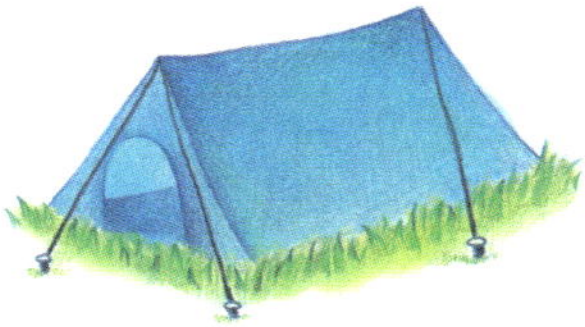

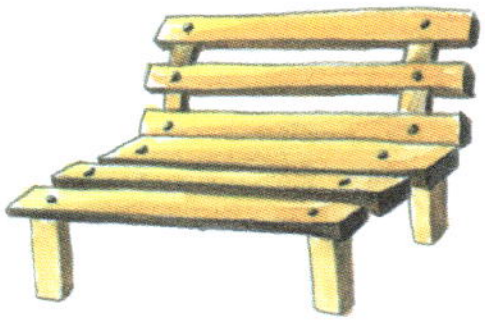

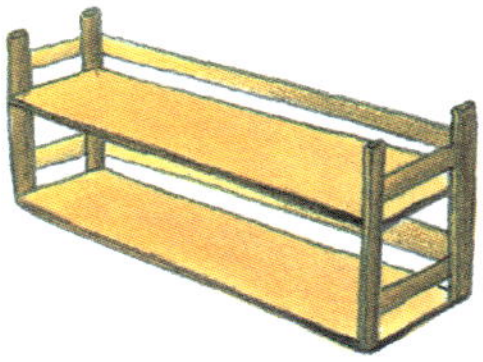

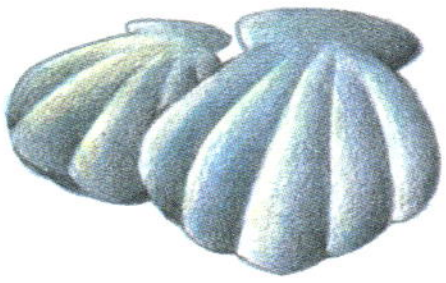

다른 단어로 복습해요!

A. 다음 단어를 읽어 보세요!

번호	단 어	발음 구성
1	cent	c(ㅆ)+e(에)+n(ㄴ)+t(ㅌ)
2	gem	g(쥐)+e(에)+m(ㅁ)
3	set	s(ㅆ)+e(에)+t(ㅌ)
4	next	n(ㄴ)+e(에)+x(크스)+t(ㅌ)
5	fresh	f(ㅍ)+r(우ㄹ)+e(에)+sh(쉬)

번호	단 어	좋은 발음	나쁜 발음	의 미
1	cent	쎈ㅌ	쎈트	돈의 단위
2	gem	젬, 쥄	제므, 겜	보석
3	set	쎝	쎄트	놓다, 두다
4	next	넥스트	넥스트	다음의
5	fresh	프(우)레쉬	프(우)레쉬	신선한

B. 다음 빈칸을 알맞은 말을 써 넣으세요!

번호	단 어	발음 구성	좋은 발음
1	cent	c( )+e( )+n( )+t( )	
2	gem	g( )+e( )+m( )	
3	set	s( )+e( )+t( )	
4	next	n( )+e( )+x( )+t( )	
5	fresh	f( )+r( )+e( )+sh( )	

[자음+e+자음+e]
(이이)　　　　　(e는 발음이 나지 않음)

E v e → 　1.이입　　(좋은 발음)
(이이)　(ㅂ)　(×)　　2.이입　　(나쁜 발음)

P e t e → 　1.피잍　　(좋은 발음)
(ㅍ)　(이이)　(ㅌ)　(×)　　2.피잍　　(나쁜 발음)

S t e v e → 　1.스띠입　　(좋은 발음)
(스ㄸ)　(이이)　(ㅂ)　(×)　　2.스띠입　　(나쁜 발음)

★변형발음 st는 '스트'가 아니라 '스ㄸ'로 발음한다.

s c e n e → 　1.씨인　　(좋은 발음)
(ㅆ)　(×)　(이이)　(ㄴ)　(×)　　2.씨인　　(나쁜 발음)

★ 'sc' 다음에 'e, i, y'가 올 경우에 'c'는 발음이 되지 않고 's'만 발음된다.

g e n e → 　1.쥐인　　(좋은 발음)
(쥐)　(이이)　(ㄴ)　(×)　　2.쥐인　　(나쁜 발음)

다음 ( )와 1에 알맞은 우리말을 써 넣어 보세요.

E v e → 1.   (좋은 발음)
( )   ( )   ( )

P e t e → 1.   (좋은 발음)
( ) (   ) ( ) ( )

S t e v e → 1.   (좋은 발음)
( ) (   )( ) ( )

s c e n e → 1.   (좋은 발음)
( ) ( )(   )( )

g e n e → 1.   (좋은 발음)
( ) (   )( ) ( )

172

우리말과 같은 뜻의 영어 단어를 찾아 연결해 보세요.

1. 피트　　　　　•　　　　　• **Eve**
   (남자 이름)

2. 스티브　　　　•　　　　　• **Pete**
   (남자 이름)

3. 이브　　　　　•　　　　　• **Steve**
   (최초의 여자)

4. 경치, 장면　　•　　　　　• **scene**

5. 유전자　　　　•　　　　　• **gene**

9 · 10과 복습

그림을 보고 아래 문장과 의미가 같은 번호를 찾아 ☐ 에 써 보세요.

1. Ted met Eve.

2. Eve set up the next tent.

3. Steve set a pen on the desk.

4. The jet sends a gene map to Pete.